LE
SÉMINARISTE,

PAR RABAN.

TOME TROISIEME.

Paris,

TENON, LIBRAIRE,
RUE HAUTEFEUILLE, N° 30.

1831.

LE
SÉMINARISTE.

Ouvrages du même auteur :

LE CURÉ CAPITAINE, 2 vol. in-12.
LE MARQUIS DE LA RAPIÈRE, 2 vol.
MONSIEUR CORBIN, 2 vol.
ALEXIS, ou LES DEUX FRÈRES, 2 vol.
BLAISE L'ÉVEILLÉ, 3 vol.
LES CUISINIÈRES, 2 vol.
LE COMTE ORY, 3 vol.
L'INCRÉDULE, 2 vol.
MON COUSIN MATHIEU, 2 vol.
LE PRISONNIER, 3 vol.
LA FILLE DU COMMISSAIRE, 3 vol.
LE GENTILHOMME NORMAND, 4 vol.
LE CONSCRIT, 3 vol.
LA PATROUILLE GRISE, 4 vol.

Sous presse :

L'INVALIDE, 4 vol. in-12.
LE MENDIANT, 4 vol.

IMPRIMERIE DE MARCHAND DU BREUIL,
rue de la Harpe, n° 90.

LE
SÉMINARISTE,

PAR RABAN.

TOME TROISIÈME.

𝕻𝖆𝖗𝖎𝖘,

RUE HAUTEFEUILLE, Nº 30.

1831.

LE

SÉMINARISTE.

CHAPITRE PREMIER.

Le docteur et la bourse verte.—Le délire.—Le mal
d'amour et l'ordonnance.

— Pardieu! Jules, s'écria l'ex-fripier en entrant dans la chambre de
Juliette, tu es un joli garçon!... Après
avoir fait tant de sottises, il ne te
manquait plus que de te rendre ma
lade pour couronner l'œuvre, et de
mourir incognito, comme si ton oncle
Hubert était parti pour les antipodes...

III.   I

Tu me diras que tu n'étais pas posi-
tivement sans secours, et je conviens
que ta garde-malade est bien choisie ;
mais il est pourtant certain que les
yeux de la belle enfant sont plus
capables dedonner la fièvre à un joli
garçon quede l'en guérir..... Tu me
diras encore.....

Ici le père Hubert s'arrêta tout
court, car il s'aperçut que, loin d'ê-
tre disposé à lui faire des objections,
son neveu ne l'entend point. Jules
avait d'abord fait un effort pour soulever sa tête ; mais elle retomba presque aussitôt sur l'oreiller. La pâle
figure du malade devint plus pâle encore ; ses yeux se fermèrent à demi,
ses lèvres blanchirent. Le bon homme

s'approcha du lit, prit les mains du malade et les trouva froides.

— O mon Dieu ! s'écria-t-il, son pouls a cessé de battre !..... Mon enfant, ma chère Juliette, je vous en prie, courez chez le médecin, qu'il vienne, qu'il accourre... Au nom de Dieu ! partez donc ! ne voyez-vous pas qu'il va mourir?... Jules ! Jules ! c'est ton oncle, mon garçon... C'est ton oncle Hubert, qui te pardonne,... qui t'aime de tout son cœur... Juliette ! Juliette ! que faites-vous ici ?

Pour la troisième fois la pauvre petite essaya de se lever, et pour la troisième fois elle retomba sur sa chaise, tant sa faiblesse était grande. L'oncle de Jules est hors de lui ; il fait quelques pas dans la petite chambre, ouvre la fenêtre, se frappe le front; puis, comme si un trait subit de lumière fût venu l'éclairer, il s'élança vers la porte et descendit l'escalier avec une agilité extraordinaire. Arrivé dans la rue, il prie les voisins de lui indiquer la demeure d'un médecin, et en un clin d'œil il arrive chez le docteur.

De médecins et d'avocats, notre belle France est, comme on sait, fort honnêtement pourvue; nous en avons, d'après un calcul exact, un peu plus que de malades et de plaideurs; mais les services de ces messieurs n'en sont pas pour cela plus faciles à obtenir, et ce serait bien injustement qu'on les

accuserait de gâter le métier. Sans argent, pas plus de médecin que de
Suisses; c'est une vérité déplorable;
mais enfin c'est une vérité.

— Venez vite, docteur, s'écria le
père Hubert, venez; suivez-moi.....
mon neveu est à l'extrémité...

— Demeure-t-il loin d'ici?

— A deux pas : cloître Sainte-Opportune... au cinquième...

— Au cinquième, murmura le médecin en tournant le dos, au cinquième !... Ces misérables s'imaginent
que l'on n'est médecin que pour parcourir les greniers.

— Eh ! que faites-vous donc, monsieur ? s'écria le vieux fripier presque
en colère... Ne m'avez-vous pas en-

tendu?... Je vous dis que mon neveu se meurt...

— Bon, bon..... On ne meurt pas comme cela...Vous autres bonnes gens, vous imaginez...

— Corbleu! citoyen docteur, les bonnes gens sont fort de mon goût à moi,et la vie d'un homme qui demeure au cinquième étage est, à mon avis, aussi précieuse que celle d'une excellence ayant hôtel et voiture... C'est de l'argent qu'il vous faut?... En voici, partons.

A ces mots, le vieux républicain avait tiré de sa poche une longue bourse de soie verte, et il se disposait à jeter quelques pièces sur une table près de laquelle il se trouvait.

—Il ne s'agit pas de cela, reprit le docteur un peu honteux; je ne me fais point payer d'avance.

Et prenant son chapeau, il se mit en devoir de suivre le père Hubert, auquel le chagrin et l'inquiétude semblaient avoir rendu toute la vigueur du jeune âge. Ils arrivèrent promptement près de Jules. La situation du jeune homme avait changé; ses joues creuses brillaient d'un vif incarnat, et ses yeux semblaient lancer des éclairs; son extrême faiblesse avait cessé, et il se tenait assis sur son lit.

—Dieu soit loué! dit en entrant l'ex-fripier; le mal n'est pas aussi grand que je le croyais... Eh bien! mon garçon, comment te trouves-tu?

— Eugénie! Eugénie! cria le jeune homme d'une voix forte, pourquoi ne viens-tu pas?... Ils t'ont tuée, les scélérats!.... Retirez-vous, misérables!... Que me veulent tous ces hommes noirs?..; Je ne veux plus être évêque... Une mître... c'est bien beau!... Gardez tout cela, et rendez-moi ma femme.

Et le pauvre Jules agitait violemment ses membres, sur lesquels ruisselait une sueur abondante. Juliette était près de lui, la tête appuyée sur l'une des mains du malade, qu'elle arrosait de ses larmes. Le nom d'Eugénie, prononcé par le séminariste, pénétrait comme un coup de poignard dans le cœur de la pauvre Juliette ; le délire de l'homme qu'elle adorait venait de lui ravir toute espérance ; l'illusion était à jamais détruite.

Cependant le médecin s'empressait auprès du jeune homme , dont la situation lui paraissait fort alarmante , et il écrivit à la hâte une ordonnance.

— Ma chère enfant, dit le père Hubert en essuyant les larmes qui tombaient sur son visage, faites un effort ; allez chercher ce qui est nécessaire, c'est au nom de notre Jules que je vous en prie ; je ne puis me résoudre à le quitter en ce moment.

En parlant ainsi, il mit dans la poche du tablier de la jeune fille cette longue bourse verte dont l'aspect avait eu tant d'influence sur le médecin, et la pauvre petite , sans répondre, sans hésiter , sans songer seulement à faire disparaître la trace de sa douleur, se leva et sortit. Elle revint bientôt, apportant les médicamens et quelques provisions, et voulut remettre au bon oncle la bourse qu'elle en avait reçue.

— Gardez cela, mon enfant , le temps n'est pas venu de faire nos comptes, et quand nous en serons là, je vous assure que le budget passera sans amendement.

Juliette baissa les yeux, remit la bourse dans sa poche, et reprit sa place près du malade, auquel elle administra elle-même les calmans qu'elle venait d'apporter.

Après quelques instans, le délire de Jules diminua, sans pourtant que le jeune homme reprît l'usage de ses sens ; il ne reconnaissait ni son oncle ni la bonne Juliette, et ne cessait de parler d'Eugénie ; seulement sa voix était moins forte, ses yeux moins brillans, et la fièvre ne colorait plus son visage d'un rouge de pourpre.

La crise est passé, dit le médecin, et il y a tout lieu d'espérer qu'elle ne se renouvellera pas avec autant de violence. Cependant, si cela arrivait, il faudrait me le faire savoir sur-le-champ.

— Docteur, je vous en conjure, ne négligez rien pour le sauver, et comptez sur ma reconnaissance ; je mets, dès aujourd'hui, tout ce que je possède à votre disposition.

Ces paroles chatouillèrent agréablement l'oreille du docteur, qui regrettait fort d'avoir reçu si cavalièrement un homme qui parlait sur ce ton, et joignait à ses paroles une pantomime si expressive : le disciple d'Esculape avait toujours devant les yeux cette longue bourse de soie verte, et il salua jusqu'à terre en se retirant, n'ayant pas l'air de se souvenir qu'il se trouvait au cinquième étage, et qu'une distance de cent trente-trois marches bien comptées le séparait du sol.

— Quant à moi, dit le père Hubert, je voudrais bien ne pas sortir d'ici;

mais il est indispensable que je m'ab-
sente pendant quelques instans. Je
compte sur vous, ma chère enfant,
et j'espère que nous le sauverons.

— Dieu le veuille ! répondit Juliette
en poussant un profond soupir.

En ce moment, Jules prononça de
nouveau le nom d'Eugénie; le père
Hubert sortit, et la pauvre Juliette
donna un libre cours aux sanglots
qui l'étouffaient.

L'absence du vieux républicain ne
pouvait être longue; le père Hubert
n'était pas homme à attendre tran-
quillement les événemens. Il ne revint chez lui que pour remplacer la
bourse qu'il avait donnée à la jeune
fille; puis il fit emballer à la hâte

un lit, des rideaux, du linge, quelques ustensiles indispensables, et muni de tous ces objets il revint s'installer chez Juliette, se proposant de veiller la nuit, afin que la pauvre enfant pût prendre quelque repos. Le reste de la journée se passa ainsi; le malade fut calme; mais pendant la nuit suivante le délire augmenta. Jules demandait à grands cris qu'on le conduisît près d'Eugénie; ce ne fut pas sans beaucoup de peine que son oncle le maintint dans le lit, hors duquel il voulait à chaque instant s'élancer.

— Il y a quelque amourette là-dessous, dit le docteur lors de sa seconde visite.

— Parbleu! répondit l'ex-fripier, il ne faut pas être médecin pour reconnaître les symptômes de cette maladie-là, et ce n'est pas d'aujourd'hui que le pauvre garçon en est atteint; malheureusement la faculté est incompétente pour apporter remède à ce mal.

— Cela n'est pas certain; il ne s'agirait peut-être, pour avancer la guérison, que de satisfaire le désir qu'il témoigne de voir cette Eugénie.

— Diable! docteur, voici une ordonnance qui ne sera pas facile à exécuter.... Pourtant je n'y renonce pas. Après tout, ce ne serait pas la première fois que je laverais la tête à cet enragé d'aristocrate; et quoique

çês nobliaux ne soient jamais dis-
posés à entendre raison, et que sur
leurs méfaits ils demandent ordinai-
rement la clôture ou la question préa-
lable, il y aura bien du malheur si
celui-ci parvient à étouffer la discussion avant que je lui aie dit son fait.

Le médecin ouvrait de grands yeux,
écoutant et ne comprenant rien à cet
étrange discours.

— Soyez tranquille, docteur, reprit le père Hubert, qui s'aperçut de
l'effet que produisaient ses paroles;
à moins que le marquis de Rinanval
ait le cœur plus dur qu'une pierre, il
faudra bien qu'il se rende à l'ordonnance.... Et puis, au besoin, je suis
homme à me souvenir que j'ai porté

l'épée avant la révolution , et je me sens capable de prouver à tous les marquis du monde que le poignet du père Hubert ne s'est pas rouillé.

Ne comprenant pas plus ces paroles que les précédentes , le docteur se retira , laissant l'oncle du jeune malade bien résolu à ne rien négliger pour sauver son neveu.

CHAPITRE II.

Le père Hubert et le marquis de Rinanval.—Scène I.

Le sommeil avait réparé les forces épuisées de Juliette, et bien que portant l'empreinte d'une tristesse profonde, son visage avait recouvré sa fraîcheur. Le médecin venait de partir lorsqu'elle s'éveilla.

— Mon enfant, lui dit le père Hubert, l'amour ne m'a jamais fait faire de folies, et c'est un bienfait dont je remercie la Providence. Malheureusement, tout le monde, dans ma fa-

mille, n'était pas destiné à jouir du
même avantage, ainsi que le prouve
la triste situation de ce pauvre Jules,
dont l'âme semble déjà avoir usé le
fourreau.... Quant à vous, ma chère
petite, je suis sûr que vous vous mon-
trerez plus raisonnable que mon neveu..... Vous êtes jeune, gentille, vous
trouverez aisément un mari qui vous
aimera, et lorsque vous l'aurez trouvé,
j'espère que vous voudrez bien m'en
faire part, et me permettre de contri-
buer à terminer cette affaire..... Il
ne faut pas pleurer pour ça..... Ce
tableau de l'avenir est-il donc si
effrayant pour une jeune et jolie
fille !..... Je sais bien que Jules.....
Que voulez-vous, mon enfant, ce

garçon-là, qui a à lui seul plus d'esprit que toute sa famille, paraît destiné à ne faire que des sottises.... Vous l'aimez, je le crois bien ; qui diable ne l'aimerait pas ? C'est justement parce que vous l'aimez que vous m'aiderez de toutes vos forces à l'empêcher de mourir....

— Que faut-il que je fasse ? Parlez, je suis prête à vous obéir.....

Et la pauvre Juliette fondait en larmes et cachait son joli visage avec un coin de son tablier vert.

— Nous y voilà ! Le médecin qui soigne notre Jules me paraît un habile homme ; peut-être aime-t-il un peu trop l'argent ; mais ce n'est pas de cela qu'il s'agit, et ses ordonnances n'en sont pas moins bonnes parce qu'il les fait payer cher. Eh bien, mon enfant, c'est précisément pour exécuter sa dernière ordonnance que j'ai besoin de votre consentement d'abord.... Vous savez que depuis vingt-quatre heures notre malade ne cesse de prononcer le nom d'Eugénie..... Ah! je m'y attendais; ce nom - là vous fait mal, pour Dieu, mon enfant, ne faites pas d'opposition! et d'abord, remarquez que le pauvre garçon n'est pas dans son bon sens. Quoi qu'il en soit, le docteur pense que si l'on pouvait satisfaire cette fantaisie de malade, et faire venir près de lui cette Eugénie, la guérison serait plus sûre et plus prompte; et si

vous le permettez, j'irai tout à l'heure
chez le marquis, qui sera bien forcé
de me confier sa fille, s'il ne veut
l'amener lui-même.

— Je ferai tout ce que vous voudrez, monsieur Hubert; mais, je vous
en conjure, n'exigez pas que je m'é-
loigne;...... laissez-moi près de lui ;
c'est la seule faveur que je réclame,
et je tâcherai de la mériter.

— Pauvre petite ! croyez-vous que
le père Hubert soit capable de violer
ainsi le domicile d'un citoyen ?.....
c'est-à-dire d'une citoyenne?.... Et
d'ailleurs la liberté individuelle est
consacrée par la loi, et tous les Fran-
çais sont égaux devant la loi ; il y a
quarante ans que je sais cela sur le

bout du doigt. Chacun est maître chez soi, charbonnier ou marquis, et voilà pourquoi je vais de ce pas chez M. de Rinanval, qui me recevra, bon gré, mal gré, et entendra jusqu'au bout le chapelet que je veux lui débiter, à moins qu'il ne prenne le parti de se boucher les oreilles, ce que je ne l'empêcherai pas de faire, attendu que les opinions sont libres, et qu'il est permis à un aristocrate de penser autrement qu'un patriote.

Le vieux républicain dit, prit sa longue canne et son chapeau à trois cornes, et sortit. Juliette s'assit au chevet du malade, qui sommeillait depuis quelques instans ; elle appuya son front sur l'oreiller, prit l'une des mains de Jules, la plaça sur son cœur, et il lui sembla qu'elle souffrait moins.

Cependant l'ex-fripier se dirigeait vers la demeure de M. de Rinanval, bien disposé à pénétrer de force jusqu'au marquis, dans le cas où celui-ci refuserait de le recevoir. Il arrive, et le domestique auquel il avait fait une si belle algarade lors de sa dernière visite, le reconnaissant tout d'abord, et voulant éviter une scène, s'empressa de l'annoncer.

— Que diable me veut cet homme? s'écria le marquis de mauvaise humeur; j'ai bien assez de ses impertinences et de ses sots discours, et je ne veux pas le.....

— Oh! vraiment, je m'y attendais, s'écria le père Hubert, qui entra sans plus de façon avant que M. de Rinanval eût achevé sa phrase. Je m'y attendais, et je m'étais préparé en conséquence.

— Mais, monsieur, cette conduite est épouvantable!

— Bon! Depuis quand êtes-vous si facile à épouvanter?.... Mais que vous ayez peur ou non, cela est tout-à-fait étranger à la question. Il faut que justice soit faite; et tant que vous n'aurez pas réparé, autant qu'il dépend de vous, le mal que vous nous avez fait, le père Hubert ne vous accordera ni paix ni trêve. Or, mon neveu étant.....

— Eh! quoi! entendrai-je toujours parler de ce mauvais sujet?...

— Doucement, marquis! ne sortons pas, s'il vous plaît, des bornes de la civilité, une et indivisible, ou, pardieu, je saurai vous rappeler à l'ordre.

— N'ai-je pas fait pour ce jeune fou tout ce que je pouvais, et beaucoup plus que je ne devais faire?

— Marquis, n'éludons pas la question : mon neveu a été sacrifié à votre fille; c'est vous qui l'avez violemment arraché de la carrière qu'il semblait devoir parcourir avec succès. Il est vrai que depuis vous avez tenté de l'y faire rentrer; mais alors même que vous eussiez réussi, pensez-vous que le mal eût été réparé ?..... Laissons le passé ; je n'ai pas le temps de parler longuement. Le pauvre enfant est à l'extrémité; peut-être en ce moment rend-il le dernier soupir; tous les efforts de l'art ne peuvent le sauver, car c'est à l'âme qu'est le siége du mal. Depuis deux jours, en proie au plus violent délire, il ne cesse de demander à grands cris votre fille ; et le médecin assure que si mademoiselle Eugénie passait quelques instans près du malade, cette visite serait plus efficace que les ordonnances de toute la faculté.

— Y pensez-vous, M. Hubert ? Quoi! vous avez pu espérer que ma fille, que mademoiselle de Rinanval...?

— Oui, de par tous les diables, je l'espère.... Faites la grosse voix et redressez-vous tant que vous voudrez, cela n'est pas de nature à intimider un citoyen de ma trempe, un vrai patriote, capable de prouver à tous les marquis du monde qu'un poignet roturier a plus de vigueur que dix poignets de gentillâtre...

— Quoi ! chez moi ! vous osez...

— J'oserai tout pour obtenir justice de l'assassin de Jules.

Le père Hubert ne se connaissait plus ; M. de Rinanval, non moins furieux, sonna avec violence, en s'écriant : Que l'on mette cet homme dehors ! Trois ou quatre laquais se présentent, et le père Hubert, retran-

ché derrière un guéridon couvert de
porcelaines, se dispose à faire une ré-
sistance désespérée. Fort heureusement, Eugénie se trouvait alors dans
la pièce voisine; la porte entr'ouverte
lui avait permis d'entendre l'entretien
que l'on vient de lire, et les larmes
qu'elle n'avait pu retenir l'avaient
seules empêchée d'entrer dans la
chambre de son père; cette considé-
ration ne put la retenir davantage:

—Mon père! mon père! s'écria-t-
elle en s'élançant vers le marquis. Au
nom de Dieu, n'oubliez pas que c'est
au neveu de monsieur que vous devez
la vie de votre fille!... Je vous en conjure, permettez que je voie Jules une
dernière fois, et désormais je serai tou-

jours prête à accomplir vos volontés !

M. de Rinanval n'entendit pas les dernières paroles de sa fille ; la fureur lui avait fait perdre connaissance , et il était tombé dans un fauteuil, pâle, défait , ne pouvant articuler un seul mot , et respirant à peine. Son état paraissait si alarmant , que les domestiques , au lieu d'exécuter ses ordres , s'empressèrent autour de lui pour le secourir.

— Monsieur Hubert, dit Eugénie, retirez-vous , je vous en prie , je vous en conjure... Dites à Jules que j'irai le voir... Oui, j'irai le plus tôt possible. Mon père , quand il sera plus calme , se rendra à ma prière... Au nom de Dieu, retirez-vous !...

Il n'en fallait pas tant pour désar-
mer le bon homme.

— Oui, mademoiselle, je m'en
vais; souvenez-vous que si vous ne tenez
pas votre parole aujourd'hui même,
demain il sera trop tard... Le pauvre
garçon est bien malade ; il ne me reconnaît plus, et vous connaissez mieux
que moi la source du mal qui le tue.
Voici son adresse.

A ces mots le vieux fripier se retira. A peine eut-il fait quelques
pas que la crainte d'avoir fait une
démarche inutile vint l'assaillir ; il se
rappela la situation presque désespérée
de Jules, et le courage lui manqua
lorsqu'il arriva au pied de l'escalier
de Juliette. Il résolut d'attendre à la

pörte de l'allée, et là, assis sur le
seuil, la tête baissée et le visage ap-
puyé sur ses mains, il se laissa aller
aux plus tristes réflexions, qu'il in-
terrompait de temps en temps pour
dire : « Et cela, parce que la constitution de 91 a été abolie; car si elle
existait il n'y aurait pas de marquis,
et s'il n'y avait point de marquis, Jules ne serait pas malade. »

La conséquence, il faut en conve-
nir, était un peu forcée; mais le bon
homme était dans une situation d'esprit à n'y pas regarder de si près;
d'ailleurs, bon gré, mal gré, il fallait
qu'il fît entrer la politique dans toutes
les questions.

Cependant la syncope de M. de

Rinanval n'avait pas eu de suites fâ-
cheuses, et le départ du père Hubert
avait suffi pour que le marquis recou-
vrât l'usage de la parole; mais lorsque
sa fille, en exécution de la promesse
qu'elle avait faite, sollicita la permission de visiter le jeune malade, peu
s'en fallut que la scène violente qui
venait d'avoir lieu ne se renouvelât.
Eugénie reçut l'ordre de se retirer
dans sa chambre, et elle obéit.

La pauvre enfant, placée derrière
le rideau d'une fenêtre, l'entr'ouvrait
de temps en temps, jetait dans la rue
un regard furtif. Ses pensées étaient
confuses, de grosses larmes roulaient
sous ses longues paupières. Tout-à-
coup ces paroles du père Hubert se

représentèrent à son esprit : « *Demain il sera trop tard.* »

— Oh ! je le verrai ! je le verrai, s'écria-t-elle.

Et s'élançant vers la porte de sa chambre, elle s'apprêtait à sortir ; mais au même instant, la défense que lui avait faite son père lui parut comme une barrière insurmontable. Elle revint sur ses pas, se laissa tomber dans un fauteuil, et ses larmes recommencèrent à couler avec plus d'abondance.

Une heure se passa ainsi, après quoi Eugénie, toujours aussi affligée, mais beaucoup plus calme, réfléchit sur sa situation, et se sentit plus capable de prendre une résolution.

— Mon père, se dit-elle, est bon,
humain ; s'il s'oppose à ce que je me
rende près de Jules, c'est qu'il ne croit
pas que cette visite puisse être utile
à ce tendre ami. Mes efforts pour le
dissuader seront vains, je le sais ;
ne vaudrait-il pas mieux me rendre
coupable de désobéissance que d'être
cause de la mort de Jules?..... Mon
père, lui-même, me saura gré de
cette désobéissance, qui lui épargnera
des remords...

On ne manque jamais de raisons
pour démontrer l'utilité et la nécessité de ce qui plaît. Les amans, surtout, raisonnent admirablement en
pareil cas.

Eugénie décida donc qu'elle sortirait. Aussitôt un vaste chapeau cacha les traits de son joli visage ; un ample cachemire enveloppa sa taille ; elle sortit avec précaution, descendit précipitamment l'escalier, et quelques minutes s'étaient à peine écoulées que déjà la charmante fille du marquis était loin de l'hôtel.

CHAPITRE III.

Transport. — La visite. — Évanouissement. — Conséils cruels.

Depuis un quart-d'heure , les pieds délicats de la tendre Eugénie se froissaient sur les pavés de la capitale ; son sein était violemment agité par les battemens de son cœur ; la sueur ruisselait sur son visage. Enfin elle arriva dans la rue du cloître Sainte-Opportune, chercha le numéro indiqué , et l'ayant aperçu , elle allait s'élancer dans l'allée sombre, lorsqu'elle reconnut le père Hubert, placé comme en sentinelle à la porte de cette maison.

— Dieu soit loué! s'écria le bon homme en s'avançant vers la jeune fille... Venez, mademoiselle, venez, peut-être sera-t-il encore temps..... Ce n'est pas votre faute, je le sais bien; votre père... monsieur le marquis... J'ai pourtant vu un temps où tous ces gens-là n'étaient rien... Les comtes et les marquis recherchaient notre protection à nous autres patriotes... C'est une chose admirable que l'égalité... Ne montez pas si vite; nous ne sommes qu'au troisième; il y a encore deux étages.

Eugénie continuait à monter rapidement sans entendre le père Hubert; une seule idée la dominait et l'empêchait de s'occuper d'autre chose : Jules était là , à quelquespas, mourant, mort peut-être!.....

Elle arrive au cinquième étage , la porte s'ouvre, et la pauvre enfant, sans même apercevoir Juliette , qui était devant elle, se précipite vers le lit.

— Jules! Jules!..... C'est moi, c'est ton Eugénie..... Jules, réponds-moi, au nom de Dieu! ouvre les yeux.....

Le malade fit un effort pour soulever sa tête ; le nom d'Eugénie s'échappa de ses lèvres , et il tendit vers elle ses bras affaiblis.

— Il me reconnaît! s'écria-t-elle... Venez, monsieur Hubert... Il me reconnaît; n'est-ce pas, Jules, que tu reconnais ton Eugénie, que tu l'aimes?...

Un sourire effleura les lèvres pâles de Jules, ses regards s'animèrent, et il prononça bien bas quelques paroles, auxquelles la tendre Eugénie répondit en le couvrant de baisers.

Le père Hubert, immobile auprès du lit, suivait avec inquiétude tous les mouvemens de son neveu, et il se disait tout bas :—C'est une bien belle chose que la liberté individuelle ; et il est certain qu'il n'y a pas de médecins qui vaille cela... Si la fille du marquis n'avait fait usage de cette liberté, il est certain que Jules n'en serait pas revenu ; ce qui prouve qu'il n'y a rien de plus précieux au monde qu'une bonne constitution et une jolie femme.

— Bonne Eugénie! dit Jules d'une voix faible, ne pleure pas; je me sens mieux... oh! beaucoup mieux...

Tandis que cela se passait, la pauvre Juliette, que tout le monde semblait avoir oubliée, cachée derrière les rideaux du lit, faisait des efforts inouïs pour étouffer ses sanglots. Puis tout-à-coup ses forces l'abandonnèrent, et elle tomba sur le plancher.

— Assez, mes enfans, assez, s'écria le père Hubert, en courant au secours de la pauvre Juliette... Quel diable! parce que vous êtes contens, il ne faut pas faire mourir de désespoir vos amis... Allons, ma chère petite, ne faites pas attention à cela, ce sont deux enfans... Foi de citoyen, je vous jure qu'ils ne savent ce qu'ils disent... Les affaires de ce côté sont un peu embrouillées, j'en conviens ; mais je vous garantis que nous les arrangerons. Pour le moment, il s'agit de vous guérir, car aucun de vous trois n'est dans son assiette ordinaire, et cela parce que vous faites violence à votre constitution... Ah ! vous ne savez pas, vous, ce que c'est que violer la constitution...

Et il frappe dans les petites mains de Juliette, la porte près de la fenêtre, court à la carafe, lui jette quelques gouttes d'eau sur le visage.

Eugénie, stupéfaite, reste d'abord debout, appuyée contre le lit ; puis suivant un premier mouvement de sensibilité, toujours très-vif chez les femmes, elle vole au secours de Juliette, détache sa ceinture, délie les cordons qui la serrent, ramène sur son sein le léger fichu qu'Hubert avait cru devoir rejeter sur ses épaules, et, passant doucement son bras droit sous les siens, lui prodigue tous les soins possibles. Juliette ne donne aucun signe de vie.

Bientôt l'infortunée est abandonnée pour Jules, qu'une convulsion nerveuse, qu'un délire extrême font agiter dans son lit. Hubert lui tient les poignets. Eugénie, tremblante et en pleurs, replace sur lui sa couverture dérangée. Une transpiration abondante se manifeste sur tout son corps. Ses lèvres sont sèches, ses yeux hagards, ses membres raidis. Au voleur! dit-il d'une voix forte, mais entrecoupée... La Seine ouvre ses flots... tu vas me voler... le vent... le courant grossissent l'eau sur la pile et la font bouillonner... m'y voilà!,.. ah!...

Épuisé enfin, il retombe sur son oreiller, ses membres reprennent leur élasticité accoutumée; on lui verse quelques cuillerées de tisane dans la bouche; sa respiration est moins gênée; un sommeil bienfaisant vient le calmer.

Juliette n'a rien vu, rien entendu.

Heureuse Juliette! l'attendrissement, les caresses d'Eugénie n'ont point brisé son cœur!

Revenus vers elle, Hubert et Eugénie, qui se rappelle à propos le flacon de sel d'Angleterre qu'elle a dans son mouchoir, parviennent à lui rendre toute sa connaissance. Elle voit le père Hubert, lui presse la main avec émotion, regarde Eugénie et pleure!

Eugénie, que le besoin de questionner presse depuis une heure, Eugénie commence le dialogue suivant. La position réciproque des personnages dira de reste, sans que je m'en occupe, les sentimens qui durent animer chacun d'eux pendant cette conversation difficile, si pénible pour Juliette.

EUGÉNIE.

Pardon, mademoiselle : qui êtes-vous ?

JULIETTE.

On me nomme Juliette Laurencin.

EUGÉNIE.

Vous êtes une parente de Jules ?

JULIETTE.

Non, mademoiselle.

EUGÉNIE.

Comment vous trouvez-vous ici ?

HUBERT.

Mirabeau disait que la justice a seule le droit d'interroger. A son exemple, je vous dirai...

EUGÉNIE.

Mademoiselle, comment vous trouvez-vous ici ?

JULIETTE.

Je suis chez moi, mademoiselle.

EUGÉNIE.

Chez vous !... Jules chez vous !

HUBERT.

Qui veut trop savoir , mal apprend.

EUGÉNIE.

Souffrez , mademoiselle , que je vous demande pourquoi Jules, malade, est chez vous.

HUBERT.

Ne faut-il pas qu'un malade soit quelque part? J'y suis bien , moi?

EUGÉNIE.

C'est donc vous qui l'avez conduit chez mademoiselle ?

HUBERT.

Par Dieu! Il y est venu tout seul.

J'ai entendu un célèbre avocat de Bordeaux, Guadet, à la tribune de la convention...

EUGÉNIE.

Si vous ne l'avez pas amené ici, et qu'il soit venu seul, mademoiselle l'a donc attiré à elle ?

JULIETTE.

Mademoiselle , en consentant à vous recevoir, j'ai cédé au besoin de sauver monsieur Jules, qui semblait demander votre présence ; cette concession révoltait mon cœur; mais Jules souffrait, et j'ai cédé aux instances de monsieur Hubert. Je ne m'attendais pas aux mortifications que je reçois de vous !

EUGÉNIE.

Je n'ai pas l'intention de vous blesser...

JULIETTE.

J'ignorais le sort de Jules quand
il est venu ici. Si vous l'aviez vu ! Il
était dans un état à faire pitié ! Ses
habits étaient mouillés; une fièvre ai-
guë l'accablait; il se soutenait à peine !
Je ne lui fis aucune question. Je lui
offris mon lit , que sa situation lui
rendait si nécessaire : il y est encore !

EUGÉNIE.

Il vous connaissait donc , mademoiselle ?

JULIETTE.

Oui, mademoiselle.

EUGÉNIE.

Il vous aimait ?

JULIETTE.

Hélas !

EUGÉNIE.

Il m'aimait aussi !...Et vous l'aimez sans doute ?...

JULIETTE.

Quand mes yeux se fermeront au jour, Jules sera ma dernière pensée!

EUGÉNIE.

Je l'ai répété souvent moi-même!... Nous sommes à plaindre toutes deux, mademoiselle !... L'avenir est plein de tristesse pour l'une comme pour l'autre de nous!... Maîtresse de vos actions, votre bonheur est certain !... Moi, soumise aux volontés d'un

père qui veut me marier par conve-
nance, sais-je s'il m'est seulement
permis d'espérer?...

JULIETTE.

Vous êtes plus que moi digne de
Jules, mademoiselle... Si vous sa-
viez!... Je n'ai en ma faveur qu'une
tendresse sans bornes!... en quelque
sorte sans prix à ses yeux depuis qu'il
vous a vue!...Je le garde, je concours
à le sauver; et je suis réduite à penser que, lorsqu'il aura recouvré sa
santé, vous serez le premier objet
de ses désirs!... Est-il chagrin pareil à
celui-là?

HUBERT.

Mesdemoiselles, permettez... Je
trouve tout naturel qu'on s'attendrisse

et qu'on pleure... L'intérêt que vous
prenez à mon neveu me touche beaucoup ,... infiniment ; quelques-uns de
nos vieux philosophes, s'ils étaient
là , vous prouveraient que la désolation est une perturbation de l'âme :
cela serait fort beau ; moi , je vous
plains , et je n'ajoute plus aucun mot.
Mais je ferai remarquer à l'honorable
mademoiselle Eugénie que monsieur
le marquis pourrait s'apercevoir de
son absence , et qu'il est urgent de
clore la discussion. Écoutez-moi donc,
mademoiselle , monsieur le marquis
vous ferait un mauvais parti s'il savait
que vous avez quitté l'hôtel sans sa
permission.

EUGÉNIE.

Oui , que nos cœurs restent unis!...

HUBERT.

Allons, mademoiselle , il faut vous
retirer; la prudence l'exige.

Le père Hubert sépara les deux de-
moiselles; elles se promirent confiance et amitié. Eugénie baisa la
main que Jules tenait hors du lit, et
s'éloigna en soupirant; Hubert l'ac-
compagna jusqu'au bas de l'escalier.

En rentrant dans la chambre, il
trouva Juliette assise à la même place,
les mains croisées, anéantie.

Hubert lui adressa quelques paroles de consolation; elle sortit de
sa rêverie, et ses pleurs coulèrent
avec abondance. La visite d'Eugénie,
quoiqu'elle l'attendît, l'avait cruelle-
ment troublée; aussi Hubert cher-

cha-t-il en vain à la consoler, à ravi-
ver son courage presque éteint. Il
sentit qu'il est des peines que le temps
seul peut calmer ; lui-même avait besoin d'un moment de repos et de réflexions : il se tut.

Une heure s'était écoulée dans le
silence le plus absolu, sans que Hubert ni Juliette eussent pensé à s'approcher de Jules, quand plusieurs
coups frappés à la porte les enlevèrent
subitement à leur rêverie.

Hubert ouvrit : c'était le docteur.
Cette fois, Hubert expliqua très-suc-
cinctement ce qui s'était passé.

Le docteur fit plusieurs questions ;
il appuya surtout sur celle-ci, comme
s'il eût soudainement pressenti la vé-

rité : Vous dites , monsieur, que ,
dans son délire , il a parlé de la
Seine ?

—Oui, docteur.

—Et ne m'avez-vous pas rapporté,
vous, mademoiselle.. ,? Mademoiselle,
auriez-vous la bonté de me prêter
quelque attention?... Ne m'avez-vous
pas rapporté que le jeune malade avait
ses habits mouillés le soir qu'il vint
chez vous?

—Oui, monsieur.

Le docteur parut chercher une espèce de révélation dans toutes ces
circonstances. Après quelques minutes de réflexions, il examina attenti-
vement la tête et le corps de Jules,
rédigea une ordonnance nouvelle, et

s'en alla, répétant que la crise serait certainement favorable.

Jules s'était réveillé. Juliette, avait-il dit, j'ai soif! et Juliette, la tasse de porcelaine à la main, et soulevant avec précaution la tête de Jules, avait versé dans son sein la boisson prescrite le matin. Il s'était ensuite assoupi, de sorte que la douleur de Juliette ne l'avait point frappé.

Juliette s'assit contre la croisée, et reprit son attitude sombre; Hubert se plaça près d'elle, s'empara d'une de ses mains, et lui dit :

Ma chère Juliette, je vous aime, moi; votre amour pour Jules, votre conduite si franche, si tendre, pendant sa maladie, m'ont attaché à vous pour toujours : mon âge et mon caractère vous garantissent ma sincérité. Votre désespoir me touche, votre état me tourmente; foi de bon patriote, votre sort ne m'intéresse pas moins que celui de mon neveu. Après cette profession de sentiment, souffrez que je remplisse ce que je crois être le devoir d'un ami zélé.

Jules a pour vous un attachement vrai; mais le diable l'a ensorcelé, et dans son cœur mademoiselle Eugénie combat contre vous.

Voilà donc un motif assez puissant pour appeler la raison à votre aide, afin de vous fortifier dans la résolution courageuse de vous séparer de Jules.

III.   5

D'un autre côté, Eugénie est la fille d'un aristocrate, d'un de ces fierets à parchemin qui veulent gouverner arbitrairement l'esprit de la famille, et ne s'allier qu'à des privilégiés comme eux.

Or, Jules ne sera jamais le mari d'Eugénie, et la résignation vous est commandée au nom de l'espérance.

— Monsieur Hubert, vous déchirez mon âme! Soyez mon guide!...

— Oui, je vous guiderai. Chut!... Jules vous appelle!

CHAPITRE IV.

Querelles.—La pratique.—Nouvelles.—Lettre
inattendue.

Quelque légitime que soit la colère d'un père, il trouve toujours
dans son cœur des excuses pour par-
donner à ses enfans. M. Bertrand en
est la preuve.

Il n'y avait pas deux heures que
Jules était parti, que déjà il remar-
quait son absence et regrettait de l'a-
voir traité avec tant de dureté. Il tenait l'aiguille dans ses doigts inactifs;
ses regards étaient fixés sur un petit por-

trait de Jules, au pastel, placé vis-à-vis de son établi, et sur lequel reflétaient les rayons de sa lampe de travail ; une pensée pénible semblait l'occuper uniquement.

Sur le bord de l'établi, à droite de son mari, madame Bertrand, en préparant le souper commun, mettait les feuilles vertes de sa salade dans le saladier, et jetait les feuilles jaunes, prêtait l'oreille au bruit qu'elle croyait entendre dans l'escalier, cherchait, en ouvrant et fermant les yeux, comme font les personnes qui voudraient ne pas pleurer, à retenir les larmes qui coulaient sur ses joues, frappait de temps en temps du bout du pied sur le carreau, se pinçait les lèvres, toussait ;

crachait, s'impatientait , et souffrait
enfin.

Contrairement à l'habitude, le silence régnait dans la maison et la paix
dans le ménage. C'était admirable!

M. Bertrand, heureux que madame
Bertrand n'interrompît point le cours
de ses idées douloureuses, ne se mon-
trait pas disposé à parler le premier.
Un gros soupir trahit son chagrin,
et fit cesser la réserve de madame
Bertrand.

Qu'avez-vous donc , monsieur Bertrand? lui dit-elle ; votre poitrine fait
ce bruit-là quand je vous dis vos véri-
tés. Cependant je n'ai pas ouvert la bouche, quoique le sujet ne manque pas.

—Madame Bertrand, rendez-moi un

service, je vous en prie : laissez-moi un moment tranquille.

— Tranquille! tranquille! *Egoïsse !* Vous ne pensez qu'à vous!... A quelle espèce d'hommes appartenez - vous donc?... Ça n'a ni plus ni moins d'entrailles qu'un chien de pierre. Tranquille! Vous m'avez ôté ma tranquillité, à moi. Ce pauvre Jules, qu'est-il devenu? Vous l'avez chassé de la maison *conjugale*, comme l'enfant prodigue dont il m'a raconté l'histoire.

— C'est vous, madame Bertrand, qui m'avez poussé...!

—Moi! moi, mon Jules! que j'aime cent fois plus que je ne vous ai jamais aimé, même avant mon mariage !...

et pourtant, monsieur Bertrand, vous pouvez vous le rappeler!... j'ai refusé de *fameux* partis pour vous!... Mon cher Jules!... Quand vous pleurerez, ça le fera-t-il revenir?

— J'ai eu bien tort de me laisser aller à votre colère, madame Bertrand!

— Il était là, il fallait le garder. Vous ne faites que des sottises tous les jours.

—.Si j'avais été le maître, madame Bertrand, le sort de Jules ne me tourmenterait pas aujourd'hui.

— Nous en verrions de belles si monsieur Bertrand était le maître!

.La querelle allait s'échauffant, et eût été probablement couronnée par

un grand éclat, si le bruit de la sonnette ne fût venu à propos en arrêter
le cours. Si c'était Jules! crièrent en
même temps tous les conjoints!

Au lieu de Jules, c'était une pratique, M. Coulong, à la face pâle
et maigre, aux larges favoris.

Bon soir, mame Bertrand; bon
soir, père Bertrand. J'ai descendu à
deux heures et j'suis d'ronde à dix.
Queu vie de loup! Gnia par là d'ces
avis qui sont venus à l'amministration!
Y f'ront ben de prendre leurs précau-
tions : les employés, voyez-vous, ne
sont pas d'humeur à s'laisser attraper,
ni taper surtout!...

— Ma foi, ils ont raison, dit madame Bertrand. Mais m'semble que

si le roi faisait hausser du double les murailles de Paris, il vous épargnerait de grandes fatigues.

— Bah!... Figurez-vous des murs montant jusqu'au ciel : c'est ben pu haut qu'du double ça! Eh ben, ces enragés de fraudeurs les escaladeraient encore, ou découvriraient queuqu'moyen d'voler l'trésor royal. Comprenez-vous ça, vous autres? ces gueux-là ont l'esprit si fertile en expédiens, que nous, qui sommes pourtant malins comme des chouettes, nous n' sommes au prix d'eux que d'la Saint-Jean. Oh! c'est vrai comme j'vous l'dis. Entendez-vous ça, vous, père Bertrand ?

— Ça m'passe.

—Si tous les hommes ressemblaient à Bertrand, vous n'auriez pas tant de mal, allez, monsieur Coulong, car y n'a pas plus de cervelle qu'un p'tit serin.

— Que ma femme est aimable!

— Toutes les femmes sont les mêmes, père Bertrand. Seulement chez nous on s'tait quand j'fais la grimace. Suffit. Je n'vous ai pas encore dit pourquoi j'suis monté. Avez-vous coupé l'drap d'ma redingote?

— Oui, monsieur Coulong.

— Diable! j'en suis bon fâché.

— Vous me l'aviez demandée pour dimanche, jour de repos; j'ai dû me dépêcher.

— C'est que d'puis qu' j'suis venu,

un changement a été ordonné dans l'administration. Nous ne s'rons pu civils. Nous aurons un uniforme vert, avec l'chapeau à trois cornes ou la casquette, et le briquet ou l'épée. Ainsi, père Bertrand, vous voyez ben que j'n'ai pu besoin de redingote.

— L'octroi sera donc en régiment?

— Non, mame Bertrand ; mais nous participerons du bourgeois et du militaire.

— Et vous croyez qu'vous f'rez pu peur aux fraudeurs avec votre habit vert, votre casquette et votre sabre ?

— Non, mame Bertrand, ces gens-là n'ont peur de rien ; mais c'est que l'administration a p't'être queuqu'tailleur à enrichir.

— Si Bertrand était un homme entreprenant, il aurait p't'être pu obtenir c'te fourniture-là, ou une autre d'la même espèce.

— Oui, mame Bertrand, c'est possible ; mais c'est qu'il faut graisser la patte aux chefs. Voulez-vous m'donner ma redingote coupée, j'la mettrai de côté, en attendant. Merci, mame Bertrand. Combien c'que j'vous dois ?

— Trois francs dix sous, parce que c'est vous, monsieur Coulong.

— C'est cher, ça, mame Bertrand Catherine vous r'mettra ces trois francs cinquante à la fin du mois, mame Bertrand.

— Bien, bien, monsieur Coulong;
nous ne craignons pas de les perdre.

— J'ai un p'tit service à vous demander, mame Bertrand, qu'm'a
suggéré Catherine. D'puis dix ans
qu'j'suis p'tit employé, j'ai ben gagné
un peu d'avancement; mais l'avancement ne s'obtient pas par l'droit,
l'droit a besoin d'l'appui d'une bonne
recommandation, et la recommandation, pour être bonne, doit partir
d'quelqu'un qui touche à la religion.
Or, Catherine a pensé qu'monsieur
Jules, qu'nous avons vu naître, et
qu'est excellent garçon, n'me refuserait pas une p'tite lettre.

— Ah ! monsieur Coulong, Jules,
qui sait l'latin d'église mieux que

Bertrand n'sait faire un habit, Jules a quitté l'séminaire.

— Mon Dieu !

— Et Bertrand l'a chassé aujourd'hui.

— Mon Dieu !

— Il a abandonné un état qui aurait fait honneur à la famille, et qui pouvait l'mener à tout.

— J'tombe d'mon haut, mame Bertrand. Ma fille Olympe n'était pas pu innocente qu'lui ! Où aura-t-il été c'pauvre enfant ?

— J'en ai l'cœur fendu !

— N'vous tourmentez pas, mame Bertrand, et vous, père Bertrand, pas tant de désolation : puisque c'est de c'soir qu'vous l'avez renvoyé, y

n'faut pas vous désespérer outre me-
sure; y r'viendra pour coucher. V'là
neuf heures et demie, faut qu'j'aille à
mon *posse*. Adieu, mame Bertrand;
bon courage, père Bertrand. Bah,
vous allez l'voir revenir tout à l'heure!

Jules ne devait pas reparaître encore. Le lendemain, la semaine suivante, le mois se passèrent dans l'at-
tente.

Les querelles de Bertrand se re-
nouvelaient chaque jour; l'intérieur
de ce ménage était un véritable enfer.
Ils eurent bientôt un nouveau sujet
d'inquiétude.

Madame Bertrand, croyant que son
frère pourrait lui donner des nouvelles de Jules, avait été plusieurs

fois chez lui sans le trouver. Un jour on lui apprit que monsieur Hubert, après avoir reçu la visite d'une jeune et jolie fille., avait, la veille à midi, fait emporter un lit complet et différens effets, et qu'on ne l'avait point revu depuis.

Des conjectures on passa à la crainte, car le vieil Hubert ne donna aucun signe d'existence pendant tout le mois. Les Bertrand ne se lassaient pas de répéter que quelque malheur devait lui être arrivé, car il n'aurait pas été un mois sans voir sa sœur et son beau-frère, lui qui les visitait chaque jour deux fois plutôt qu'une.

Madame Bertrand vit tous les parens, tous les amis, toutes les connaissances de la famille : personne n'avait entendu parler du père Hubert. Elle alla consulter à ce sujet le commissaire de police du quartier, courut les bureaux de la Préfecture : le sort d'Hubert n'était point connu.

Désespérée de l'inutilité de ses démarches, madame Bertrand prit le parti de la résignation, attendant que le ciel voulût bien lui rendre son fils et son frère.

Un jour qu'elle avait eu une de ces conversations familières avec la mère Benoît, dans lesquelles les deux mères se rappelaient l'ingratitude de leurs enfans, et que, par une conséquence d'habitude, madame Bertrand avait reporté dans son intérieur l'hu-

meur âcre de ses souvenirs , un jour
donc qu'elle querellait son bon-
homme de mari, des pas lourds et
traînans se font entendre sur le pallier ; on pousse la porte , et Hubert se
montre aux Bertrand stupéfaits.

— Vous m'avez cru mort ? dit le
père Hubert ; me voilà ! Allons , finissez donc ; vos grands yeux, votre
bouche béante sont à faire peur ! Est-
ce que j'ai l'air d'un septembriseur ou
d'un officier de la commune ?

— Un frère nous tourmenter de la
sorte ! Où donc t'es-tu caché ? Dis-
nous , qu'est devenu Jules ? Il a été te
trouver sans doute ? Pauvre enfant,
il se sera plaint de son père , qui l'a
renvoyé sans pitié !

— Frère, c'est madame Bertrand...

— Le mal qui sort d'ici, c'est toujours madame Bertrand qui le fait ! Vous ai-je dit, monsieur Bertrand , de chasser mon Jules ?

— Ah ! point de querelle, je vous prie, ou je quitte le lieu de la séance. Peu importe que Jules ait été mis dehors par l'un ou par l'autre de vous : si Bertrand l'a voulu , ce n'a pu être que par emportement ; quant à toi, sœur, il est certain que tu as dû y consentir ; car, enfin, il ne se passe rien ici que par ta volonté. Tous deux vous avez tort. Ce n'est pas en jetant son fils dans la rue qu'on le corrige. Quel reproche méritait-il ? Il venait de livrer sa vie à vos desseins ; s'il n'était pas entré dans ce séminaire où vous vouliez l'enfouir, était-il raisonnable de l'en accuser? Ainsi Robespierre calomniait ceux dont il vouait la tête à l'échafaud. Que le ciel vous pardonne, puisque Jules est sauvé.

— Mon frère, au nom du ciel, explique-toi : Jules a-t-il couru danger de vie?

— Oui.

— Tu l'as sauvé?

— C'est-à-dire, le docteur, sa jeunesse et son tempérament.

— Pourquoi était-il en danger?

— Par suite de maladie. Son renvoi de la maison paternelle, ou toute autre cause que j'ignore, aura remué trop violemment la machine et l'aura dé-

rangée ; bref, l'amitié l'a recueilli, l'a
soigné, s'est sacrifiée d'abord, et lorsque l'épuisement des moyens a été
consommé, on a eu recours à moi
comme à une planche de salut. Hubert sait compatir au malheur! J'ai
ouvert ma bourse, je me suis installé,
moi second, au chevet de Jules, et la
santé a reparu. Quand je dis la santé,...
je ressemble un tant soit peu à ces ministres qui assurent que la paix ne sera
point troublée à l'instant même où le
canon vient leur donner un démenti
formel. Jules s'est levé une demi-heure
aujourd'hui...

— Où est-il ? je veux aller l'embras-
ser, le ramener auprès de moi!

—Pas si vite, sœur. Lorsqu'il sera

tout-à-fait bien portant, il reviendra avec vous, je n'en doute pas; mais que e te donne son adresse, non. Tu irais lui rompre la tête de tes sottises, tu lui renverserais la cervelle, et tu retarderais sa guérison parfaite.

— Beau-frère, dis-lui bien que j'ai souffert plus que lui du mal que je lui ai fait.

— Je le crois, bon Bertrand.

— Eh quoi! frère, tu me refuserais de voir mon fils?

— Oui.

— Ne suis-je donc plus sa mère? N'ai-je pas le droit de le réclamer partout où il se trouve?

— A l'époque du fameux procès, Louis XVI aussi invoquait son droit :

la Convention lui a fait couper le cou.

— Je me moque de Louis XVI et de la Convention; je veux mon fils; depuis six semaines que je le pleure, il est temps qu'on me le rende.

— Ouais! Tu ne l'auras que lorsque ses jambes le conduiront ici.

— Nous verrons!

— Tu le prends sur ce ton-là!... Je me promettais de vous en donner chaque jour des nouvelles...

— Mon frère, mon cher Hubert, pardonne-moi : que je te voie tous les jours, et j'attendrai patiemment.

— A la bonne heure. Puisque tu es raisonnable, il ne dépendra pas de moi que tu ne sois promptement satisfaite.

— Mon bon Hubert !...

— J'ai quelques courses à faire, je vous quitte.

— Attends encore, mon frère.

— Je ne puis. Adieu. A demain. Je dirai à Jules que vous l'aimez toujours.

On pense que les recommandations furent cent fois renouvelées au père Hubert, qui redit cent fois ses promesses.

La joie régna dans la maison de Bertrand.

Madame Bertrand alla raconter ces événemens à la mère Benoît, sa vieille confidente. En rentrant, le facteur lui remit une lettre affranchie; ce qui la surprit, parce qu'elle était adressée

nominativement à madame Bertrand,
et parce qu'il était très-rare que la
poste eût deux distributions à leur
faire par mois. M. Bertrand partagea
son étonnement, et elle lut :

MADAME,

A la suite des hésitations les plus
longues et les plus cruelles, il m'a
paru que c'était pour moi un devoir
de vous écrire au sujet de monsieur
Jules, votre fils.

J'ai lieu de croire que s'il est privé
des soins si tendres d'une mère, la faute
en retombe entièrement sur deux personnes qui semblent avoir séquestré
ce malheureux jeune homme, que j'ai
vu, et dont l'état m'a fait trembler.

III.   7

Courez, Madame, courez vers lui ; retirez-le du gouffre affreux dans lequel on ose le retenir.

Le cœur d'une mère appréciera ma démarche. Cependant de graves motifs me font vous prier, Madame, de garder le secret sur cette démarche que mon attachement justifie, mais qui, divulguée, pourrait appeler sur moi de cuisans chagrins.

Monsieur Jules est chez mademoiselle Juliette, cloître Sainte-Opportune, n°....

Croyez au respect avec lequel j'ai l'honneur de me dire,

Madame,

Votre très-humble servante,

EUGÉNIE DE RINANVAL.

Madame Bertrand, sans chercher
à se rendre compte des motifs qui
avaient pu dicter cette lettre, s'écria
aussitôt : Ah! frère Hubert, je vous
tiens!

CHAPITRE V.

Projets secrets.—Élections et préfecture.—Mariage arrêté.

Aimer un homme, le savoir malade, l'avoir vu livré aux soins empressés d'une rivale, ne pouvoir être auprès de lui sans cesse pour lui prodiguer les secours, les caresses, les veilles, si doux aux tendres cœurs, c'est un tourment que les femmes ne supportent pas volontiers sans colère.

Rentrée dans son appartement et occupée de ses seules pensées, Eugénie sentit son cœur partagé entre la jalousie et la générosité. Après de longs combats, la jalousie parvint à l'emporter, et elle écrivit à madame Bertrand, espérant par cette démarche hardie enlever son amant à Juliette, à Juliette dont les charmes l'avaient frappée.

Pendant que les idées riantes de l'espérance la berçaient d'un heureux avenir, un orage terrible grondait sourdement sur sa tête.

On avait instruit le marquis que mademoiselle s'était éloignée de l'hôtel sans sa femme de chambre, que son absence avait duré deux heures, et qu'elle était rentrée furtivement.

Le marquis l'observa au dîner; il lui trouva le teint coloré et animé, les

yeux gonflés, l'air distrait; il remar-
qua son peu d'appétit, son silence
inaccoutumé, son agitation, quelques soupirs mal retenus. Point de
doute, se dit-il, il y a du Jules dans
tout cela.

Les reproches agitaient déjà ses
lèvres, il se contint pourtant ; le
souvenir de l'inutilité de ses efforts
passés l'éclaira subitement sur la nécessité de se contraindre , afin d'aviser
à des moyens plus sûrs d'arriver au
but qu'il se proposait d'atteindre.

On était au moment des élections,
sujet continu d'alarmes pour le gou-
vernement, qui voulait, cette fois, user
de toutes les ressources possibles, afin
d'obtenir une importante majorité.

Le dîner fini, il ordonna d'atteler ses chevaux à sa voiture, et se fit conduire chez le ministre de l'intérieur. La foule encombrait les antichambres et les salons ; il la traversa, le chapeau à la main, inclinant la tête à droite et à gauche pour saluer quelques-uns des pauvres patiens qui enviaient le bonheur dont il allait jouir, arriva à la porte du cabinet de l'excellence, donna son nom à l'huissier, et pénétra dans le sanctuaire des grâces sans avoir attendu plus de cinq minutes.

Je dirais volontiers au lecteur l'esprit de la conversation de ces grands personnages ; ce ne serait point assez ; il y manquerait ces petits traits qui décèlent le caractère et la politique

savante de ces gouvernans habiles
que le peuple n'a point encore appris
à mépriser comme il convient. Je
préfère donc la rapporter textuelle-
ment : coupable d'une surprise, il est
juste que j'en fasse au moins profiter
mes compatriotes.

LE MINISTRE.

Bon soir, marquis.

LE MARQUIS.

Monseigneur, je suis le respectueux
serviteur de votre Excellence.

LE MINISTRE.

Avez-vous eu la complaisance de
passer à l'Abbaye-aux-Bois, et avez-
vous vu, mon cher marquis, la personne en question ?

LE MARQUIS.

Oui, Excellence. Cette personne est fort belle encore! Elle souffrait. Nous nous sommes entendus. Elle m'a promis, du ton le plus positif, de décider monsieur le duc Mathieu de Montmorency à faire ce que votre Excellence désire. En sortant, dans la cour, j'ai rencontré l'abbé Frayssinous ; je l'ai flatté au sujet de ses conférences, parce qu'il peut servir vos desseins : sa souplesse fière et son aplomb me portent à penser qu'on a donné quelque espoir à son ambition.

LE MINISTRE.

Vous croyez ?

LE MARQUIS.

Je le crois : sa voix et son maintien prenaient tous les plis du serpent. Il craindra toujours de se faire un ennemi de votre Excellence.

LE MINISTRE.

Le pavillon ne me laisse aucun repos. Il me tourmente !

LE MARQUIS.

Ainsi votre Excellence peut compter sur les maisons professes, et sur tout le zèle du duc, qui, vous le savez, dispose de la petite magistrature.

A propos ! madame... m'a dit savoir de bonne part que M. l'archevêque de Rouen verrait avec plaisir qu'on débarrassât son diocèse de l'abbé..., à cause des principes libéraux que ce curé vient de manifester très-hautement à...

LE MINISTRE.

Je prendrai des mesures en conséquence.

LE MARQUIS.

Madame... a ajouté que M. de Beauvais ayant beaucoup dépensé dans sa dernière tournée pastorale, ce serait le flatter agréablement que de lui accorder une indemnité à titre de secours, ou pour les aumônes...

LE MINISTRE.

Ils sont insatiables !

LE MARQUIS.

A dire vrai, monseigneur, je crains bien qu'un jour le ministère ne tombe à un Richelieu ou à un Mazarin.

LE MINISTRE.

Nous n'avons pas de reine! Au surplus, la France n'y consentirait pas.

LE MARQUIS.

Votre Excellence sait comme moi qu'on fera de la France tout ce qu'on voudra. 89 est loin de nous ; la restauration le prouve de reste !

LE MINISTRE.

Ne vous y trompez pas, marquis, la force a imposé le silence au peuple; les Bourbons, princes de l'invasion, semblent faire une nation à part avec les émigrés et les prêtres ; les alliés ont pu leur créer la puissance de disposer à leur gré du trésor, des emplois, de la vie de quelques hommes: le peuple s'est soumis, voilà tout! S'il

s'est rallié au roi, supporterait-il patiemment un règne autre que le sien?
Nous ne saurions nous le dissimuler
sans danger : il n'a plus pour les
nobles, ni pour les prêtres, ce respect
qui le tenait si bas devant eux avant
1789.

LE MARQUIS.

Il est certain que la révolution a
fait bien du mal ! Il ne faut pas désespérer de nos avantages; Charles X
et le temps nous les rendront peut-
être.

LE MINISTRE.

Revenons, marquis, à notre affaire
principale, à celle qui, en ce moment,
intéresse le plus la famille royale, et
nous presse le plus. On se prépare

dans les départemens. C'est un temps
de perturbation générale que celui des
élections.

LE MARQUIS.

C'est la faute de l'acte de Saint-
Ouen. On était le maître, il fallait
rester le maître.

LE MINISTRE.

Puisqu'il en a été autrement, il est
inutile d'y songer, marquis. Récapi-
tulons: les dépêches de quarante-cinq
préfets me tranquillisent pour ce nombre de départemens ; mais le nord et
le centre m'inquiètent, et j'ai peur
d'échouer personnellement à...

LE MARQUIS.

Mais, monseigneur, pourquoi votre Excellence ne se ferait-elle pas présenter à...?

LE MINISTRE.

Comment vaincre la difficulté...?

LE MARQUIS.

C'est mon département, et votre Excellence parle de difficulté! J'ai bien fait nommer Marinac, dont les bons offices et l'influence ne nous manqueraient pas.

LE MINISTRE.

Écoutez, mon cher marquis : je vous ai promis de vous servir pour l'ambassade de... ; je vous jure que nul autre que vous ne l'aura si votre département m'appelle à la députation par vos soins.

LE MARQUIS.

Monseigneur, je sais un moyen in-
faillible de réussite ; il dépend de
votre Excellence.

LE MINISTRE.

Je ne vous comprends pas.

LE MARQUIS.

Voici l'explication. Je dispose d'un
grand nombre de voix dans mon département ; Marinac possède les autres. Marinac, j'en suis instruit parfaitement, a de l'amour pour ma fille,
et n'ose me la demander, par la raison qu'il n'est pas riche : que votre
Excellence m'y autorise, je lui confie
le sort de ma fille, je lui promets en
votre nom, monseigneur, notre pe-

tite préfecture , et je réponds de
l'élection.

Mon cher marquis , votre dévouement à la chose publique me charme:
promettez ; que M. de Marinac parte,
et à son retour je lui donne la préfecture que vous me demandez pour
lui. Quant à votre affaire , je l'arran-
gerai , soyez tranquille.

Que les honnêtes gens s'entendent,
monseigneur , et tout ira à mer-
veille!... Il n'y a pas de temps à perdre : je remettrai ce soir même des
instructions à Marinac , il sera en
route demain matin , et je le rejoindrai avant deux jours.

LE MINISTRE.

Mes vœux vous accompagneront, mon cher marquis.

LE MARQ UI.

Votre Excellence peut s'en reposer sur mes soins.

La conversation avait duré long-temps ; aussi cette marque de faveur réagit-elle sur le marquis lorsqu'il rentra dans les salons. Chacun des solliciteurs se rapprocha de lui, et lui fit ses complimens, croyant qu'il allait entrer dans les affaires.

On était d'autant mieux fondé à le croire, que ses services pendant l'émigration, depuis Coblentz, lui avaient attiré la bienveillance royale ; qu'un des premiers il était rentré dans ses biens non vendus, avait joui d'une forte pension sur la liste civile, et qu'il devait s'attendre à une part considérable dans le milliard d'indemnité.

De plus, il portait la clef de chambellan, la décoration de commandeur de Saint-Louis et celle d'officier de la Légion-d'honneur, et il était question de le comprendre dans la prochaine promotion de l'ordre du Saint-Esprit. A la cour, toutes les récompenses sont connues.

Personne n'ignorait donc la position brillante du marquis ; on savait qu'il pouvait prétendre aux honneurs les plus élevés, et l'on ne doutait pas qu'une audience accordée aussitôt que demandée, prolongée bien au-delà du terme des audiences ordinaires, n'eût été profitable à celui qui en avait été l'objet.

La politesse prit toutes les formes, le langage tous les tours auxquels l'adulation le fait prêter, et, assailli de protestations sans fin d'amitié et de dévouement, il eut peine à sortir des appartemens, encore fut-il accompagné jusqu'à sa voiture, tant l'importunité des ambitieux est difficile à s'arrêter!

Rentré dans son cabinet, il sonna. Passez, dit-il à un domestique, chez M. de Marinac, et priez-le de venir à l'hôtel sans retard. S'il est absent, vous l'attendrez. Allez. Joseph ! rappelez-vous qu'il faut que je le voie aujourd'hui.

Il se mit à écrire. Bientôt toute la domesticité sut que M. le marquis écrivait , et les conjectures de pousser de l'avant , car M. le marquis ne mettait la plume à la main que dans les occasions extraordinaires. Était-il appelé à un poste près du roi ? Lui confiait-on un portefeuille ? L'envoyait-on à quelque ambassade importante ? Le valet-de-chambre et le chasseur, d'un air capable , émettaient des opinions contraires, qu'on écoutait en silence, et qui ne laissaient pas d'embarrasser les discoureurs. Les esprits furent intrigués davantage quand , mademoiselle ayant fait dire à son noble père qu'elle avait du monde et nommément madame la comtesse Lucile de..., M. le marquis eut répondu qu'il ne pouvait quitter son cabinet ni voir personne. Pour le coup, point de doute, on allait donner à M. le marquis le titre de monseigneur, dont il était bien digne par l'ancienneté de sa famille et la grandeur de ses manières.

L'arrivée d'une voiture devant l'hôtel et la sonnette du marteau annonçant une visite, l'antichambre, réunie chez le concierge, se tut sur-le-champ. Le domestique annonça M. de Marinac, et la porte du cabinet se referma sur le député diplomate électeur.

Ici, je dois encore reprendre la forme du dialogue.

LE MARQUIS.

Pardon, mon cher Marinac, de vous déranger à cette heure ; vous allez reconnaître la nécessité où je me trouvais d'en agir ainsi.

M. DE MARINAC.

Monsieur le marquis plaisante ; ne suis-je pas à ses ordres à tout instant du jour et de la nuit ?

LE MARQUIS.

Vous devez vous le rappeler, le jour où vous me marquâtes le désir d'entrer dans ma famille, je vous répondis franchement que l'alliance que vous projettiez ne pouvait avoir lieu à cause de la disproportion de nos fortunes et de votre position politique, car vous viviez oublié dans vos terres, à tort sans doute, mais enfin vous étiez oublié. Vous suivîtes mes conseils, et mon appui vous valut la députation, qui est le marche-pied des honneurs. Il s'agit maintenant de profiter de vos premiers avantages. L'occasion se présente pour vous d'obtenir, avant quinze jours, la main de ma fille et la préfecture du département.

M. DE MARINAC.

Ah! monsieur le marquis, ma reconnaissance pourra-t-elle jamais payer d'aussi grands bienfaits ?

LE MARQUIS.

Remarquez : il faut un zèle actif et entreprenant, un dévouement sans réserve, une vigilance de toutes les secondes, flatter la noblesse, promettre aux prêtres, caresser le tiers-état.

M. DE MARINAC.

Tout cela est facile, monsieur le marquis.

LE MARQUIS.

Voici de quoi il s'agit : M. de..., le ministre de l'intérieur le plus éclairé que la France ait eu, veut être nommé député par notre collége départemental. Un ministre qui échouerait personnellement dans les élections, vous ne l'ignorez pas, serait perdu à la cour. Toute l'affaire est donc là : faire arriver M. de... à la Chambre. Et pour résultat du succès, ma fille et la préfecture.

III.   9

M. DE MARINAC.

Je me multiplierai, monsieur le marquis, soyez-en sûr, je me multiplierai.

LE MARQUIS.

Je vous soutiendrai d'ailleurs. Vous direz à l'évêque que le ministre vous a promis pour lui le prochain archevêché vacant ; au curé de..., qu'il sera incessamment attaché à la grande aumônerie, et décoré du titre de prédicateur du roi ; au préfet, que son excellence vous a parlé de lui donner la préfecture de Lyon ; au président de chambre L..., qu'il peut compter sur la première présidence avant un mois ; aux chefs des manufactures et des fabriques de... et de..., que le ministre les charge de faire une en-

quête sur les moyens de rendre à leurs
établissemens cette splendeur qu'ils
ont perdue; enfin aux différens élec-
teurs du tiers, tout ce que leurs intérêts communs vous suggérera d'a-
gréable à leurs vues.

M. DE MARINAC.

Je comprends, monsieur le marquis.

LE MARQUIS.

Ce n'est pas tout : demain, à neuf
heures, il vous faut être en route.
Le temps est court, cela est vrai ; mais
on a des ailes pour une fille riche,
jeune et belle, et pour une préfecture.

M. DE MARINAC.

J'aurai quitté Paris à neuf heures,
monsieur le marquis.

LE MARQUIS.

Je vous rejoindrai samedi. N'oubliez pas les provisions d'usage. Courage...

M. de Marinac quitta le marquis. Tous deux étaient enchantés de s'être si bien compris. Malgré l'heure avancée, M. de Marinac passa chez Chevet, chez Berthelemot, chez quelques marchands de nouveautés, chez plusieurs libraires, fit des dispositions pendant la nuit : le lendemain matin, à l'heure indiquée, Paris n'avait plus l'honneur de le posséder dans son sein.

CHAPITRE VI.

La rue Contrescarpe.—Visite inattendue.—Bruit.—
Changement de domicile.

Les Bertrand ne se couchèrent
qu'après minuit sonné, parce qu'ils
commentèrent fort longuement la
lettre de mademoiselle Eugénie. Le
lit conjugal ne les avait jamais reçus
si tard depuis leur mariage, si ce n'est
le jour où fut réunie la famille au
banquet préparé en l'honneur de l'en-
trée de Jules au séminaire de Saint-
Sulpice.

C'était très-bien à mademoiselle Eugénie, disait madame Bertrand, d'a-

voir daigné les instruire du lieu où l'on retenait leur Jules. Je crois, monsieur Bertrand, que mademoiselle la marquise en tient ni peu ni trop pour notre Jules. C'est une belle connaissance tout d' même !

— Mais, madame Bertrand, qu'est qu'c'est que c'te mademoiselle Juliette, qui a reçu votre fils malade?

— Ça n'me paraît rien de bon, monsieur Bertrand. Une demoiselle honnête ne reçoit pas chez elle un jeune homme aussi pétulant que notre fils.

— Il ne faut pas prononcer si promptement, madame Bertrand; c'te demoiselle n'a p't'être fait qu'un acte d'humanité.

— Monsieur Bertrand, vous n'en-

tendez rien à ces choses-là : les demoi-
selles d'aujourd'hui n'ont pas d'humanité pour rien.

— Madame Bertrand , vous savez ça
mieux que moi, vous.

— Pardié , monsieur Bertrand ,
vons n'avez pas plus de malice qu'un
poulet. Fille qui garde un égrillard
malade a dû l'écouter quand il se portait bien. Et si c'était celle-là dont
nous a parlé la mère Benoît , que son
fils Jacques a dit... Vous rappelez-
vous , monsieur Bertrand ?

— Ma foi , non , madame Bertrand.

— C'est égal. Je verrai tout ça demain matin. Je vous recommande,
monsieur Bertrand, de me réveiller au
plus tard à cinq heures.

— Oui, madame Bertrand.

Les Bertrand se mirent au lit en continuant leur causerie, monsieur, très-content d'avoir retrouvé son fils, et madame, fort joyeuse de la visite inattendue qu'elle allait faire à son fils, à son frère et surtout à la jeune fille.

— N'oubliez pas, monsieur Bertrand, de me réveiller à cinq heures !...

— Dormez tranquille, madame Bertrand.

— Vous ne me dites pas bon soir, monsieur Bertrand ?

— Bon soir, ma p'tite madame Bertrand !...

— Allons ! finissez donc, monsieur

Bertrand !... N'faut-il pas qu'j'aie toute ma tête et toutes mes forces pour demain ?... En vérité, vous êtes bien tourmentant !...

L'horloge à longues cordes marquait six heures un quart quand M. Bertrand rouvrit les yeux. Il se hâta de réveiller sa gracieuse moitié, qui se disposa à sa visite par une humeur de diable, que lui causait la paresse de son mari, parce que le déjeûner et le ménage allaient lui prendre un temps précieux ; car madame Bertrand n'était pas femme à s'abstenir du déjeûner et à laisser son ménage sens dessus dessous !

Le déjeûner pris, le ménage approprié, rangé, et la toilette des grandes

sorties terminée, tout cela au milieu
des tempêtes de l'impatience la plus
insupportable, madame Bertrand partit enfin, il était dix heures.

La biche qui fuit le chasseur et sa
meute est moins prompte dans sa
course que n'aurait voulu l'être madame Bertrand. Coudoyée par les
passans, arrêtée par les embarras de
voitures, elle n'arriva qu'avec peine
rue Contrescarpe. Ne se rappelant plus
le numéro de la maison, elle chercha
sa lettre, qu'elle avait oubliée. Pour ne
pas retourner chez elle, et les maisons
de cette rue étant en petit nombre,
elle alla de porte en porte, demandant
mademoiselle Juliette.

Elle s'était adressée de tous côtés

sans succès. En désespoir de cause,
elle raconte sa mésaventure à un com-
missionnaire. Celui-ci lui dit qu'elle
se trompe peut-être de rue Contrescarpe ; qu'il y en a une aboutis-
sant à la rue des Fossés-Saint-Victor,
et qu'elle fera bien de s'y rendre.

Madame Bertrand suit ce conseil.
Elle parcourt en vain la rue Contrescarpe du quartier saint Victor : point
de Juliette! Un cocher de cabriolet lui
indique une troisième rue Contrescarpe, conduisant du quai Morland
à la rue de Charenton.

Pleine d'une ardeur sans seconde,
madame Bertrand fait son troisième
voyage : rien !

Harassée, elle s'assied un moment

sur le devant d'une porte, reprend haleine, et rentre chez elle, essoufflée, crottée comme un barbet qui a cherché son maître pendant une journée entière.

Avez-vous assisté, vous qui lisez ce chapitre, à la prise d'assaut d'une ville après le combat le plus acharné? si un événement aussi triste a frappé vos yeux, vous vous rappelez alors avoir vu ces soldats, le bras levé, l'arme en joue, l'œil enflammé, pénétrant violemment dans les maisons sur leur passage, invectivant, menaçant les vaincus, égarés par une fureur sans bornes, effrayans en un mot!

Telle madame Bertrand, le regard courroucé, la bouche écumante; elle suffoque. M. Bertrand ouvre de grands yeux, et ses lèvres ouvertes semblent vouloir dire : qu'est-il donc arrivé ? Il se tait pourtant. Ainsi le silence se fait au clocher quand le tonnerre gronde.

Je ne répéterai point tout ce qui se passa dans ce moment d'agitation extraordinaire ; je me bornerai à faire connaître que l'exaspération de madame Bertrand ne fut calmée que lorsqu'une nouvelle lecture de la lettre de mademoiselle Eugénie lui eut appris que sa mémoire était la cause unique de l'inutilité de ses recherches ; elle avait couru les trois rues Contrescarpe, et la lettre indiquait la rue du Chevalier du Guet !

la mère Benoît lui avait raconté, la veille, l'histoire d'un mort de la rue Contrescarpe, et le nom de cette rue avait frappé son esprit.

Madame Bertrand, remise de la révolution qu'elle venait d'éprouver, prit son parti, malgré l'heure du dîner. Elle changea de souliers, de bas, de robe, de tablier, donna un coup de peigne à ses cheveux en désordre, renoua les rubans de son bonnet, et, se promettant bien une compensation à tant d'ennuis, elle laissa la paix dans la maison en partant pour la rue du Chevalier du Guet.

Point d'accident pendant le trajet. Au cinquième, la porte à gauche, au pied du petit escalier, lui dit une

vieille locataire. — Je vous remercie
beaucoup, madame. — Pas de quoi,
madame, en vérité. Et madame Bertrand de monter.

On frappe, dit Juliette.—Attendez,
attendez, je vais ouvrir... Mettez cet
oreiller sur le dossier de sa chaise...
Hubert ouvre : C'est le diable ! s'écrie-
t-il.—Me voilà, monsieur mon frère.
— C'est ma mère ! — O mon Dieu !

On devine aisément de qui partaient
ces différentes exclamations.

—Tu vois, Hubert, qu'il n'y a pas
de clapier qu'on ne découvre. Mon
Jules ! que je t'embrasse ! comme le
voilà changé ! tu avais oublié ta mère !

—Non, ma mère ! j'ai été à toute
extrémité, et je n'ai pu vous écrire ;

mais mon oncle vous a donné de mes nouvelles.

—Mon ami, il m'a refusé ton adresse! tu aurais pu me l'envoyer toi-même.

— La santé de mon père est-elle raffermie ?

—Oui, oui, mon ami ; ne te tourmente pas pour lui.

— Pourrais-tu me dire, ma chère sœur, qui t'a conduite en ce lieu ?

— Personne.

— Aurais-tu le don de divination ?

— Peut-être.

—Tu es une seconde mademoiselle Lenormand.

— Je suis madame Bertrand, et je suis très-disposée à me débarrasser du poids que j'ai sur le cœur !

—Ma mère, permettez-moi de vous avouer que sans les bontés précieuses de Juliette...

— Elle est jolie !

— Et sans les complaisances continues de mon bon oncle...

— Fier homme !

—Votre fils eût succombé à la force du mal.

— Crois-tu donc que ta mère t'eût refusé un lit ?

— Sœur, vous l'aviez chassé !

— Est-ce qu'on est toute sa vie en colère contre son fils ?

—Vous l'aviez chassé, chère sœur !

—Ça l'empêchait-il de venir à moi ? en le voyant je lui aurais dit : Jules, tu es malade, je te pardonne, mets-toi-là, et j'vais aller chercher le médecin.

— Il a été où il savait qu'on le recevrait sans humeur.

— Ça fait bien de l'honneur à mademoille !

— Ma mère !

— Sœur, voilà que tu rentres dans ton caractère : décampe.

— Monsieur Hubert! dit Juliette, qui craignait la vivacité d'Hubert.

— Qu'est-ce qu'est le maître dans ce grenier, d'Hubert, de Jules ou de c'te demoiselle ?

— Ma mère !

— Tais-toi, ingrat.

— Sœur, on va vous rappeler à l'ordre !

— Tais-toi , bavard !

— Si j'avais la sonnette du président Chapelier , je couvrirais de son bruit le bruit de ta voix criarde.

— Voix criarde ! des injures , ça m'est égal. Que Jules s'habille , je l'emmène.

—Ma mère , cela n'est pas possible.

— Je ferai venir un fiacre.

— Mais , madame , il ne descendrait pas l'escalier...

— Il vous sied bien de m'adresser la parole !

— Quel malheur d'adresser la parole à madame Bertrand , comme si sauver son fils d'une mort certaine ne donnait pas le droit de parler ! Ma sœur , crois-moi...

— Je n'entends rien !...

— Ma sœur! ma sœur! La moutarde commence à me monter au nez!

— Mon oncle !

— Tout ça n'm'importe guère : je veux Jules, et je l'aurai.

— Ma mère !

— N'as-tu pas honte de résister à une mère qui te tend les bras?

— Tu ne vois donc pas qu'il ne peut rester sur ses pieds ?

— J'vois qu'il veut persévérer dans le vice.

— Ma mère !

— Il n'est pas croyable que j'aie une sœur comme toi! on t'a changée en nourrice.

— Et toi, un vieux homme, tu oses

le retenir dans ce sentier de perdition !

—Sœur ! la fraternité a des bornes !...

— Vous pleurez, la belle ! n'faut pas tant faire la mijaurée !

— Ma mère !

— Quand on prend les hommes qui se présentent, on n'tombe pas toujours juste !

— Ma mère !

— Un séminariste ! un prêtre de Dieu ! s'cacher à sa mère dans une maison perdue !

Juliette n'y tient plus ; ses sanglots échappent ; elle court à la fenêtre et va mettre fin à sa douleur. Hubert vole, l'attrape par sa robe, la presse dans ses bras : Juliette, lui dit-il,

voulez-vous nous faire mourir ? Jules
n'a fait qu'un cri, et un spasme ner-
veux l'étouffe !

Le bruit cesse. On entoure Jules,
les secours lui sont prodigués, il est
replacé sur son lit ; Hubert ouvre
porte et fenêtre ; Juliette répand du
vinaigre sur un mouchoir, le fait res-
pirer à Jules, soulève son oreiller,
essuie son front et ses mains ; madame
Bertrand pleure et appelle son fils.
Celui-ci ouvre les yeux, sa mère l'embrasse, Juliette s'éloigne, et Hubert,
qui se contient avec peine, dit à madame Bertrand :

J'espère, madame ma sœur, que
vous êtes contente : vous avez assez
causé de trouble ici ! Je compte que

vous ne continuerez pas. J'aime-
rais mieux risquer la mitraille des
Suisses du 10 août que souffrir une
seconde de vos scènes. Un parti est à
prendre : qu'il soit le sujet d'une dé-
libération mûre et paisible, sans quoi
je ne répondrais pas des suites. Voyons :
Jules est plus tranquille : vous,
madame Bertrand, asseyez-vous là ;
et vous, Juliette, ici. Trêve aux larmes ; écoutez-moi. Un homme se sent
mal dans la rue et dans le voisinage
d'une personne de sa connaissance ;
il monte chez cette personne et demande assistance : voilà l'affaire de
Jules. La personne l'accueille comme
un frère, lui donne son lit, lui accorde les soins les plus tendres, les

plus assidus, les plus désintéressés, s'adresse à l'oncle, le reçoit franchement, le laisse s'installer librement auprès du neveu, sacrifie son logement, se dévoue en entier, sans murmure, sans plainte, au malade dont le sort est, dans le monde, ce qui l'occupe le plus : voilà l'affaire de Juliette. Puis arrive la mère du patient, laquelle, comme corneille qui abat noix, crie, injurie chacun, veut emmener son fils, hors d'état de bouger les jambes : voilà l'affaire de madame Bertrand. Et l'oncle, chagrin du chagrin de tous, tâchant de mettre de l'ensemble dans la discussion et d'y introduire un mouvement conforme à la justice et à la position réciproque des parties belligérantes : voilà l'affaire d'Hubert. Ou je ne m'y connais pas, ou la question se trouve ainsi ramenée à son véritable principe et envisagée sous tous ses rapports, sous tous ses points de vue.

De quoi s'agit-il ? de faire en sorte que nous soyons tous parfaitement d'accord.

Que veut-on ? Jules n'a pas de volonté ; Juliette souhaiterait fort pouvoir jouir du fruit de ses longues attentions, c'est-à-dire soutenir quelque temps la convalescence de Jules ; madame Bertrand prétendrait ramener son fils au domicile maternel !

Chut ! laissez-moi finir.

Les difficultés de la situation sont

III.   11

extrêmes, car établir l'harmonie dans des esprits déjà prévenus, c'est de toutes les difficultés la plus grande.

Cependant je vous soumettrai une opinion qui obtiendra peut-être votre approbation.

Toi, sœur, tu ne dois pas songer à emmener Jules ; tes yeux t'en disent assez.

Chut, donc !

S'il est constant que Jules ne peut retourner chez sa mère, il est constant aussi qu'il ne pourra rester chez Juliette : ma chère amie, vous en comprenez aisément le motif.

Écoutez-moi !

Il paraît donc indispensable que Jules continue de demeurer chez Juliette jusqu'à ce qu'il ait recouvré assez de forces pour en sortir.

Ensuite, et attendu que la maison de madame Bertrand n'est pas propre à un convalescent, qu'elle est éloignée de toute promenade, je conclus à ce que Jules vienne compléter sa convalescence chez moi, vu surtout la proximité de la place Royale, où l'air est sain et de nature à hâter sa guérison.

Après cela, nous verrons.

Ce projet fut discuté longuement par madame Bertrand, dont l'entêtement captivait la raison. M. Hubert l'emporta, à la fin d'un combat acharné, dans lequel il défendit pas à pas le terrain sur lequel il s'était placé. Spectateurs intéressés, Jules et Juliette ne dirent pourtant mot.

Les conventions arrêtées, le père Hubert leva la séance. Madame Bertrand embrassa son fils, le recommanda à son frère, et partit sans daigner saluer la pauvre Juliette.

Débarrassé de sa sœur, Hubert tâcha d'adoucir ce qu'il y avait eu pour Juliette d'amer dans cette visite inattendue.

A quinze jours de là, Jules marchait dans la chambre de Juliette, qui voyait avec désespoir le moment approcher où Jules lui serait enlevé.

Hubert, pressé chaque jour par sa sœur, redoutait l'instant de la séparation.

L'explication eut lieu ; les effets d'Hubert furent mis dans un fiacre, un second fiacre reçut les trois amis, et bientôt tout fut chez Hubert rétabli comme autrefois.

Le soir, à neuf heures, il fallut se séparer. Hubert répéta cent fois à Juliette qu'elle viendrait passer toutes ses journées avec Jules. Enfin l'heure sonna : Hubert embrassa Juliette avec émotion, Jules la serra contre son cœur, jura de l'aimer toujours, et lui couvrit le visage de ses pleurs. Juliette, les yeux secs, silencieuse, résignée à un malheur qui la tuait, s'en alla tristement.

Qui l'eût vue, en rentrant chez elle, tombant sur une chaise, donnant un libre cours à ses soupirs et à ses larmes, jetant sa tête dans ses mains en s'écriant : ô mon Dieu ! eût senti dans son cœur les mouvemens les plus vifs d'attendrissement et de pitié !

CHAPITRE VII.

L'Hôtel-Dieu.—Courses inutiles.—Détermination.
—Le séminaire.

Jules !... Jules !... Malheureuse Juliette !... Le ciel veut ma mort !... Je ne survivrai pas à ta perte, Jules !

La nuit était avancée que Juliette répétait encore : Jules !... Jules !... Adieu, Jules ! notre séparation me fera mourir !

Elle avait besoin de repos ; tant de secousses l'avaient fatiguée ! Lorsqu'elle voulut se lever, il lui sembla qu'un poids énorme la retenait sur sa chaise. Une chaleur brûlante l'accablait tout-à-l'heure, un froid affreux la fait trembler maintenant.

Le jour commençait à poindre dans sa chambre. Elle promena les yeux sur les objets qui l'entouraient; et rejetant sa tête dans ses mains, elle s'écria de nouveau : Jules! Jules!

Sa douleur devint peu à peu plus calme. Elle se leva enfin, après quelques efforts; puis, s'appuyant contre le mur ou sur ses meubles, elle versa dans un verre l'eau qu'elle croyait pouvoir étancher la soif qui la dévorait : vaine précaution contre un palais desséché par la fièvre.

Elle se mit sur son lit, non pour dormir, mais parce que Jules l'avait occupé. Le nom de Jules était la seule parole qui pût s'échapper de ses lèvres.

Le soleil apparaissait sur l'horizon ; elle jugea qu'il était temps d'aller revoir Jules, et voulut descendre de son lit ; elle tomba sur le carreau.

Juliette sentit dès lors qu'il ne lui était plus possible de trouver de forces que dans son courage, ou plutôt dans son amour pour Jules.

Cet amour la soutint jusque chez le père Hubert, qui fut moins surpris de la voir si matin que de l'étrange accablement où il la trouva.

Bonjour, bonne Juliette.

—Eh bien, M. Hubert, comment Jules a-t-il passé la nuit ?

— Assez bien, Juliette. Vous -

même, comment l'avez-vous passée?

— En pensant à Jules.

— Allons, ma fille, de la patience! Ne pleurez pas comme ça!... espérance! Nous arrangerons tout cela mieux que vous ne le pensez peut-être. Espérance, ma chère petite, espérance!

— Mon oncle, est-ce que Juliette est là?

— Vous vous sentez mieux, Jules?

— Oui, Juliette, depuis que je te vois.

— Puissiez-vous le dire long-temps!

— Toujours. Assieds-toi près de mon lit, Juliette. Ta main est froide et tremblante! Serais-tu malade?

— Non, Jules... je suis venue vite.

La journée et les trois suivantes se passèrent en attentions délicates de la part de M. Hubert, en expressions tendres de la part de Jules, en bonheur, en souffrances du côté de Juliette.

Le cinquième jour, elle s'habilla avec peine et se disposait à sortir ; elle avait ouvert sa porte : la joie de revoir Jules ne put suppléer à la force qui lui manquait. Ses jambes la supportaient difficilement ; elle s'appuya sur le mur de l'escalier.

Un porteur d'eau qui habitait sur le même pallier, partant pour sa journée, la vit, l'engagea à demeurer chez elle. Je le sens, lui dit Juliette, je combats en vain le mal qui m'assassine ! Le terme est arrivé !

Elle voulut rentrer, ses genoux fléchirent, le porteur d'eau la retint heureusement. Ses yeux s'ouvraient et se fermaient avec une agitation convulsive. Elle était froide. Donnez-moi, je vous prie, un peu d'eau !

Et le brave Auvergnat s'empressa de la servir. — Mon Dieu, ma chère demoiselle, vous ne pouvez être seule dans cet état ! Souhaitez-vous que je prévienne vos parens ? — J'ai deviné ce qui se déclare aujourd'hui !... Je suis mal !... je ne puis plus le dissimuler !... Monsieur, puisque vous avez la bonne volonté de m'être utile.... — Certainement, mademoiselle. — Je n'ai pas de parens à faire prévenir !... Auriez-vous quelque répugnance à me

conduire à l'Hôtel-Dieu?... — A l'Hôtel-Dieu, mademoiselle? — Oui, monsieur!... Plaignez-moi!... — Je vous
plains de tout mon cœur!... Ça n'est
pas qu'on soit négligé à l'Hôtel-Dieu...
J'ai été forcé d'y passer trois mois, et
l'on a eu toutes sortes de bontés pour
moi... Mais vous, mademoiselle, qui
ne paraissez pas devoir être une étude
à carabin... Il est vrai qu'il y a des
sœurs bien attentionnées. — Monsieur,... profitons,... je vous en prie,...
de votre complaisance!... Je me sens
défaillir!...

Faute de pouvoir employer d'autre
moyen, le bon porteur d'eau la descendit dans ses bras, après avoir fermé
sa porte et lui avoir donné sa clef. Par

honte, elle ne voulut pas se laisser
porter à l'Hôtel-Dieu ; alors l'honnête
Auvergnat courut chercher un fiacre
à la station de la rue de la Féronnerie.
Bientôt elle entra à l'Hôtel-Dieu.

Des sœurs la reçurent ; mais telle
était sa faiblesse, que le porteur
d'eau dut la porter encore jusqu'à la
salle Sainte - Marthe ; après quoi il
alla payer le fiacre et courut à son
tonneau.

Les sœurs déshabillèrent la hon-
teuse Juliette, et la mirent dans un lit
extrêmement propre. Le chirurgien de
garde vint. Sa visite faite, pour ainsi
dire en silence, il rédigea une formule
d'ordonnance ; et, passé dans le cabinet des sœurs, il leur annonça que

la nouvelle arrivée était dans un grand
danger; qu'il jugeait, au peu de mots
qu'elle avait prononcés, que le secours moral des sœurs ferait plus pour
sa guérison que les prescriptions du
médecin, attendu que la situation de
la jeune fille avait ou semblait avoir
sa source dans des chagrins profonds.
Et les sœurs de s'y employer.

Mais, mon oncle, entendez-vous?
neuf heures sonnent! et Juliette ne
vient pas!

— Jules, te voilà levé. Prends un
livre, et attends.

— Mais, mon oncle, neuf heures!

— Eh bien! neuf heures, neuf heures! C'est que quelque affaire la retient.

— Avez-vous remarqué, mon oncle, comme elle était triste hier? ne pourrait-il pas se faire qu'elle fût malade?

— Jules, fais-moi le plaisir de me laisser tranquille.

Et Hubert de ranger et déranger toutes choses, de descendre dans la rue et regarder au loin.

— Voilà midi, mon oncle! Puisque je marche maintenant, si vous me le permettiez, j'irais jusque chez Juliette?

— Es-tu fou, Jules? Tu n'iras dehors et au-delà de la place Royale que lorsque tu seras entièrement rétabli.

— Mais, mon oncle, midi!

— Au surplus, moi-même je n'y tiens plus. Je vais aller chez elle.

Hubert part. Il frappe à la porte de Juliette, pas de réponse. Il frappe aux portes voisines, personne. Il s'adresse aux gens de la maison, nul ne l'a vue, ni le fruitier, ni l'épicier. Il s'en retourne, espérant la trouver chez lui.

L'inquiétude de Jules gagne son oncle. Ils ne savent que penser. Le soir et les huit jours qui suivent, mêmes démarches sans plus de succès; point de nouvelles! Il court à la Morgue, à la police, mais inutilement. Pas de doute, il est arrivé malheur à Juliette!

Jules avait repris ses forces, malgré la douleur que lui causait son incertitude à l'égard de Juliette.

Un soir que, causant avec son oncle, ils avaient épuisé le sujet qui les attristait, Jules récapitula ainsi les événemens de sa vie :

Voyez, mon oncle : à peine ai-je eu le temps de savoir ce que c'est qu'exister, que déjà j'ai souffert toutes les angoisses de la vie. Pendant mes premières années, j'eus à supporter la pétulance de ma mère. Au collége, mes maîtres, voulant tirer parti, au profit de leur amour-propre, de mon intelligence précoce, fatiguèrent cette même intelligence à force de travail ; mes récréations étaient encore de l'instruction. Sorti de leurs mains pour passer au séminaire, où ma mère me poussait d'une manière absolue, j'y

entrai par obéissance. J'y serais resté
sans dégoût ; mais voilà que le ciel
envoie à ma rencontre un écervelé de
mon voisinage qui me mène à sa comédie bourgeoise, moi, qui ne me
doutais pas de ce que pouvait être une
comédie. Parmi ces fous était une
jeune fille charmante, d'une tournure
admirable, ayant ce son de voix si doux
que vous lui connaissez. Le feu qui
couvait dans mes veines éclate. Je ne
vois plus qu'elle au monde. Elle m'entraîne, elle m'absorbe ! Sa jeunesse
l'égare. La foudre cause moins de désordre aux lieux de son ravage que
la faute apparente de cette enfant n'en
jeta dans mon cœur ! Réfugié dans
mon séminaire, je commençais à y

retrouver la paix, quand une autre belle fille me fit venir à son lit de mort. Auteur d'une passion qui allait en priver la terre, j'y apportai le remède que le ciel m'inspirait. Je l'aimai, pas comme j'avais aimé Juliette; assez cependant pour troubler mon repos. Bercés par une espérance commune, nos vœux devançaient l'avenir. Son père provoque une explication, et cette explication produit ceci : Un marquis, riche, ne pouvant donner la main de sa fille au fils d'un tailleur, pauvre, Eugénie ne doit pas penser à moi, et moi, je ne dois pas prétendre à Eugénie. Ma cervelle se dérange; je cours après Eugénie enlevée par son père, abandonnant mon séminaire, où le calme renaissait dans mon âme. Je revois Eugénie et je la perds de nouveau. Ne sachant où aller, seul au milieu des champs, je retrouve le premier auteur de mes ennuis, il m'entraîne une seconde fois : je deviens comédien, et ma troupe ambulante me rend Juliette. Votre amitié, mon oncle, me sauve de ce mauvais pas. De retour chez ma mère, il est question de ma rentrée au séminaire; j'en suis repoussé. Le supérieur du séminaire de M... consent à me recevoir, puis il me rejette. Mon père me chasse. Désespéré, oubliant mes devoirs de chrétien, méprisant la nature entière, je me jette dans la Seine. Un voleur me retient au monde. Rendu à moi-même, étranger au milieu des rues de Paris, couvert d'habits mouillés, tremblant déjà la fièvre, j'ignore de quel côté tourner mes pas. L'adresse de Juliette revient à ma mémoire. Au risque de l'effrayer, j'y cours; joyeuse de me revoir, elle se sacrifie pour moi. Ses soins m'arrachent à la mort. Au moment où la reconnaissance est un bonheur que je m'attends à goûter, Juliette, la tendre Juliette disparaît. Avouez, mon oncle, que je puis me compter parmi les malheureux. »

— Mon ami, toutes ces tribulations proviennent du point d'où tu es parti. On a voulu faire de toi un prêtre, et tu n'étais pas organisé pour la calotte. L'Église n'est pas ton lot.

— Eh bien, mon oncle, depuis que Juliette m'a abandonné, j'ai pris le parti d'aller implorer mon pardon du supérieur de Saint-Sulpice.

— Es-tu donc encore malade?

— J'y retrouverai peut-être ma tranquillité perdue.

— Tu n'as pas le sens commun. Tu reconnais toi-même qu'on t'a fait prendre une mauvaise route, et tu veux y rentrer au lieu de t'en écarter à tout jamais!

— Quel avenir ai-je devant moi?

— L'avenir de tous les hommes laborieux; tu travailleras.

— Sais-je un métier?

— Ah! nous y voilà ! Si ton bon-homme de père eût fait de toi un bon tailleur, il t'aurait légué ses pratiques, et un travail honnête t'eût procuré une existence agréable. Ta mère, mé-prisant mes sages conseils, t'a lancé dans une carrière où l'intrigue et l'hy-pocrisie remplacent les vertus du ci-toyen et le civisme du patriote. Ton esprit est trop élevé, ton cœur est trop droit pour que ton corps endosse la soutane.

— Mon oncle, j'ai vu de plus près que vous ces hommes que vous jugez si sévèrement. Levés avec le jour, leur première pensée est pour le ciel. Age-nouillés devant les saints autels, ils demandent à Dieu la rémission de leurs péchés bénins et le courage qui soutient le chrétien au milieu des perversités humaines; ils implorent sa clémence pour leurs propres outrages et pour ces incrédules qui se refusent aux lumières, aux consolations de la foi. Leurs mains se vident journellement des aumônes qu'ils répandent autour d'eux. Au confessionnal, ils reçoivent les confidences des fidèles, et font passer en eux la douceur de leurs sentimens épurés. Au catéchisme et dans les écoles, ils instruisent la jeunesse et la préparent aux orages qui l'atteindront incessamment. Au chevet de l'agonisant, ils réveillent en lui les espérances d'un bonheur dont il n'a qu'une idée imparfaite, et lui ren-

dent moins amère sa séparation de tous
les attachemens de ce monde. Ils veil-
lent auprès des morts et les accom-
pagnent au dernier asile, afin de les
sanctifier par d'ardentes et pieuses
prières. Tous leurs jours sont voués
au sanctuaire et au malheur : que
recueillent-ils de leurs bienfaits volon-
taires ? L'ingratitude et l'oubli.

— *Amen.* Tu as fini, je pense ; à
mon tour. D'abord, je vois dans tes
prêtres des hommes qui combattent
les plus impérieux penchans de la
nature jusqu'au moment où , la force
venant à leur manquer, ils y suc-
combent presque toujours aux dépens de la morale publique. L'un
séduit une vierge qu'un déshonneur

irréparable conduit souvent au vice honteux de la prostitution. L'autre enlève à un mari confiant les affections légitimes de sa femme, une mère à ses enfans. Ensuite le besoin de cacher les combats qu'ils livrent à leurs sens, de dissimuler les injures qu'ils reçoivent de la raison des patiens, d'obéir à un chef étranger contrairement souvent à ce que la loi du pays leur prescrit, et pardessus tout, cette passion qui les domine, l'ambition du pouvoir, passion qui s'anime et s'exalte d'autant plus qu'ils se défendent en furieux de toutes les autres; ces différens besoins, et l'ambition qui les dévore, les obligent à user continuellement de dissimulation, de

mensonge et d'hypocrisie. Fi , les
vilains! leurs plaisirs sont les tourmens qu'ils font partager aux autres.
Leur Dieu, c'est l'argent !

— Mon oncle !

—L'assemblée nationale agit bien
en abolissant, en 91 , l'obligation
de continence imposée aux prêtres.
Si j'étais l'assemblée nationale , je
les obligerais tous à se marier , je ne
leur donnerais pas d'emplois civils ,
je les laisserais dans leurs églises , et
je ferais un pape pour la France.

— Il ne s'agit pas de savoir ce que
vous feriez, mon oncle , il s'agit que,
persuadé que je suis de ne pouvoir
plus être heureux qu'au séminaire,

vous ne vous opposiez pas à mon dessein.

— Mais le supérieur ne voudra pas de toi.

— Permettez-moi de chercher à le ramener.

— Mais si l'on ne fait une prison de ton séminaire, tu le laisseras là quelque jour.

— Mon oncle, je vous en supplie, laissez-moi suivre mon penchant.

— J'y consens. Pourtant je te déclare que je n'y consens que parce que je crois à la fermeté du supérieur.

Madame Bertrand connut bientôt la résolution de son fils; elle y applaudit, encouragea, caressa son

fils. Le presbytère lui souriait toujours.

Le lendemain matin Jules se présenta au séminaire ; mais le supérieur
lui fit dire de revenir le soir à cinq
heures.

❈❈❈❈❈❈❈❈❈❈❈❈❈❈❈❈❈❈❈❈❈❈❈❈❈❈❈❈❈❈❈❈❈❈❈

CHAPITRE VIII.

Il est préfet.—Le curé.—Détermination.—Chagrin.

Les élections avaient eu lieu : nobles, prêtres, industriels, satisfaits
des dîners de Marinac et des espérances dont il avait bercé leur ambition, enchantés également des préve-
nances du puissant marquis, avaient
agi selon le désir de ces deux chauf-
feurs d'élections. Malgré l'opposition
la plus raisonnable et la mieux com-
binée, le véritable candidat de l'o-
pinion populaire restait à l'écart, et
le ministre, homme inutile au pays,

était appelé à représenter un département dont les intérêts lui étaient entièrement inconnus. Pauvre France!
aussi long-temps que ton gouverne-
ment représentatif tiendra la vie des
hommes à écus, tu ne seras qu'une
illusion pour les vrais patriotes.

Après avoir quitté le département
dans la nuit même du ballotage, laissant Marinac à..... pour bien étudier
sa préfecture prochaine, le marquis
poussa de vitesse, arriva à Paris
presque aussi vite que la nouvelle du
télégraphe, et, sans prendre le temps
de changer de costume, courut chez
le ministre afin de lui donner le dé-
tail de l'élection; car, si le ministre
savait déjà le résultat des bulletins,

il ignorait comment on avait assuré les chances de son succès.

Satisfait de la conduite du marquis et de Marinac, le ministre promit de tenir parole, et invita le marquis à son déjeûner du lendemain.

Le marquis ne manqua pas de s'y trouver. Le ministre lui renouvela les assurances d'une ambassade peu tardive; et, au dessert, lui remit l'ordonnance de nomination de Marinac à la préfecture promise. L'ordonnance disait que l'ancien préfet était appelé à d'autres fonctions, sorte de remercîment qui laisse aux ministres le temps de se reconnaître.

Quelques jours plus tard Marinac vint à Paris, très-impatient de con-

naître son sort. Le marquis lui donna
sa nomination. Dire la joie de Marinac, c'est impossible. Il fit ses dispositions, et quarante-huit heures n'étaient
pas écoulées ; que l'habit de préfet
brillait déjà sur ses épaules. Le marquis le présenta au ministre, auquel
il demanda humblement la cure de...
pour son frère, simple prêtre à..... ;
et le ministre, qui ne pouvait rien
refuser à ceux à qui il était redevable
de la députation tant désirée, ne
fit pas attendre la décision royale.

Ainsi, une déception électorale
valut une préfecture à un intrigant,
une cure à son frère, une ambassade
à un complaisant politique.

Le nouveau curé, croyant devoir

marquer sa reconnaissance à l'auteur de la faveur qu'il venait de recevoir, invita son frère à le conduire auprès du marquis.

Celui-ci les reçut comme des amis. Dans cette visite, les cœurs s'ouvrirent, et il fut question de conclure, à la grande joie de Marinac, le mariage projeté.

Voulant pourtant user de ménagement à l'égard de sa fille, le marquis pria le curé de la voir, afin de la disposer à l'obéissance. Il lui donna tous les éclaircissemens nécessaires, et le conduisit dans l'appartement d'Eugénie, occupée alors à décacheter une lettre qu'on venait de lui apporter mystérieusement, et qu'elle cacha sur-le-champ sous le coussin du canapé où elle était assise. Elle ne sut que penser à ces mots de son père : Ma fille, monsieur le curé vous dira ce que j'attends de vous.

Le marquis se retira, les laissant seuls et assez embarrassés d'abord.

Mais le curé reprit promptement son assurance habituelle, et entama de cette manière l'ordre de sa mission :

—Je conçois parfaitement, mademoiselle, en vous voyant, l'étendue des désirs de mon frère : Marinac est mon frère, mademoiselle. Monsieur le marquis, depuis long-temps, a déterminé, par le don de votre main, l'alliance de nos deux maisons. Si

les ancêtres de votre noble père ont
obtenu de belles pages dans les an-
ciens récits de notre histoire, les
Marinac peuvent à juste titre re-
vendiquer un semblable honneur ;
car Pierre de Marinac, écuyer du
roi, capitaine de cent hommes d'ar-
mes, suivit saint Louis en Palestine,
et François de Marinac, au même
temps évêque de Bayeux, convoitait
la coadjutorerie de Reims. C'est
donc à un rejeton d'une famille qui
jouissait encore, avant la révolution,
du droit acquis de monter dans les
carrosses du roi, que votre auguste
père s'est décidé à confier le soin de
votre bonheur. De plus, je vous ferai
remarquer, mademoiselle, que mon

frère , préfet aujourd'hui , peut aspi-
rer à toute espèce d'emplois , que
votre union est le fruit d'une promesse , et qu'un gentilhomme n'a
jamais violé sa parole. Puis-je espérer , mademoiselle, que, convaincue
des avantages réciproques d'une union
entre deux maisons honorables , vous
vous prêterez sans répugnance au désir de M. le marquis ?

— Monsieur , votre visite m'a
troublée. Je suis remise et prête à
vous répondre avec franchise. Mon
père connaît mes sentimens ; mon
cœur n'a pas changé. Il a pu vous
dire que j'ai constamment résisté aux
avantages dont vous m'entretenez ,
que toutes mes affections sont con-

centrées dans une personne qui n'appartient pas à votre famille, qu'en épousant monsieur votre frère je ne céderais qu'à une violence à laquelle sans doute mon père ne voudra pas me condamner.

— Vous vous trompez, mademoiselle, monsieur le marquis est très-déterminé. Permettez - moi, mademoiselle, d'amener votre attention sur la position du personnage dont vous parlez. D'où sort-il ? d'un établi de tailleur. Où va-t-il ? à la misère, par un état abject. Et c'est à cet homme que vous accordez une préférence coupable ?

— Cet homme, monsieur, a du courage et de l'honneur.

—Oui : il se guérissait naguère aux
dépens d'une fille de comédie !

— Monsieur , finissons cet entretien , je vous prie. Si mon père veut
me sacrifier, je me soumettrai à son
pouvoir ; mais vous pouvez affirmer
à monsieur votre frère qu'il n'obtiendra jamais d'amour de moi.

— Si mon frère n'obtient pas votre
amour, mademoiselle , ses soins, ses
attentions , sa tendresse trouveront
grâce devant vos yeux ; vous ne lui re-
fuserez pas ce qu'une fille bien élevée
accorde toujours à un bon mari , les
égards que l'honneur exige.

— Votre langage a lieu de me sur-
prendre, monsieur. C'est un parti arrêté, je le vois , de ne compter mon

bonheur pour rien. Vous , monsieur, serviteur de Dieu , homme de charité, laisserez-vous blesser en moi les mouvemens les plus sacrés de la nature? Votre expérience ne vous dit-elle pas qu'un cœur ne reçoit pas de commandement contraire à des penchans formés?

— Mon expérience me dit , mademoiselle, que vous devez obéissance à votre père et dévouement à l'époux de son choix.

—Puisque vous êtes intéressé à mon malheur, monsieur, je dois me taire.

— Vous obéirez donc , mademoiselle, à l'autorité paternelle?

—Je ferai une dernière tentative auprès de mon père, monsieur.

— Vous n'obtiendrez pas grand'chose, mademoiselle.

— Il m'entendra, monsieur.

— Pas aujourd'hui, mademoiselle ; car nous allons tous trois dîner à Saint-Cloud, chez Son Excellence, que monsieur le marquis doit prévenir de votre mariage.

— Vous êtes des cruels !

— Veuillez bien croire à mon respect, mademoiselle.

Le curé sortit. La triste Eugénie courut chez son père, qui lui fit dire qu'il lui parlerait à son retour de Saint-Cloud, et la voiture quitta bientôt l'hôtel.

Eugénie, désespérée, avait oublié sa lettre ; elle s'en souvint, l'ouvrit, e reconnaissant l'écriture de Jules , elle s'enferma dans son cabinet de toilette , puis lut

Tendre Eugénie ,

Nous sommes tous sur terre pour souffrir. La main de Dieu semble s'être appesantie sur moi ; dans tout ce qui m'entoure , sur quelque objet que je porte les yeux , j'y vois empreints les signes de la réprobation dont il me poursuit. Je succomberai , je le sens , sous son poids accablant. Je me sacrifie donc à la volonté qu'elle semble me manifester : le séminaire doit être mon asile contre les tourmens qui me dévorent. Puisse-t-il être mon tombeau !

Vous ne deviez apprendre cette détermination que par moi, et c'est le motif de ma lettre. Demain, en allant me jeter aux pieds du supérieur pour implorer mon pardon, je tâcherai de vous faire parvenir cette lettre d'adieu.

L'unique bonheur qu'il me soit possible de goûter désormais sera dans l'idée que je serai quelquefois présent à votre mémoire.

Eugénie, soyez heureuse !

JULES.

La lettre de Jules n'était pas de nature à calmer les chagrins d'Eugénie. Les obstacles, en pareil cas, donnent une force nouvelle à la passion qu'on veut combattre. Eugénie se promit de

résister à son père et d'empêcher la
rentrée de Jules au séminaire.

Elle écrivit à Jules pour relever son
courage abattu, pour lui faire part de
ce qu'on exigeait d'elle et de la disposition d'esprit où elle était. « Mon
ami, lui disait-elle, le ciel nous verra
sans doute en pitié : juge de notre
tendre persévérance, il se relâchera de
ses rigueurs. Comme moi, implorez
sa clémence ; comme moi, donnez
quelques jours à l'espoir : Dieu et
mon père se révolteront probablement à la pensée d'une persécution
prolongée. Mon ami, seriez-vous plus
faible qu'une jeune fille ? auriez-vous
moins d'amour qu'elle ? A son exemple, ne trouveriez-vous pas dans vo-

tre cœur cette fermeté qui anime le mien à l'approche du danger qui nous menace? Le jour où je serais condamnée à vivre sans vous serait le jour de ma mort. Jules, comprenez Eugénie!... »

Toute sa lettre était sur ce ton. Elle la ferma. Ne sachant à quelle adresse l'envoyer, elle la mit sous une enveloppe à madame Bertrand, persuadée que Jules devait être avec sa mère, puisqu'il allait rentrer au séminaire.

Profitant de l'absence du marquis, elle se rendit à Saint-Sulpice, comptant que de ferventes prières lui donneraient la force de ne point céder; et en s'y rendant elle jeta sa lettre dans une petite boîte.

* * *

CHAPITRE IX.

La chapelle de la vierge.—Les boulevarts neufs.—
Résolution.—L'hôtel du duc de Berry.

A l'heure indiquée Jules se mit en chemin pour son séminaire, emportant les bénédictions de madame Bertrand.

Il longeait, tout rêveur, l'église Saint-Sulpice, où sa voix s'était tant de fois mariée à celle des élèves et des prêtres de ce temple du Christ. A la vue de ces hauts murs que le temps a noircis, il soupira, et entraîné par le souvenir des momens

de calme qu'il y avait passés, il voulut élever jusqu'au Seigneur ses
prières et ses vœux. Il entra.

Quelques personnes seulement
étaient éparses dans la vaste enceinte.
Un silence religieux y régnait. Il dé-
passa les piliers de gauche, s'avança
au-delà de la sacristie, et s'arrêta devant la chapelle de la Vierge. La demi-
clarté qui y pénètre devait ajouter encore à la mélancolie de son âme.

Une femme priait, à genoux, au
milieu du sanctuaire, humiliant sa
tête sur les carreaux sacrés. « Ah! disait Jules, le ciel m'a conduit ici
pour recevoir d'une femme l'exemple
d'une foi profonde. » Et involontai-
rement il tenait ses yeux fixés sur

elle. La pénitente se lève ; mais en descendant les deux marches de la chapelle elle tourne ses yeux du côté de Jules. Leurs regards se rencontrent.

— Quoi! Jules, c'est vous!

— Est-ce bien vous, Eugénie?

— Êtes-vous déjà au séminaire ?

— Vous avez donc reçu ma lettre ?

— Ma réponse vous parviendra ce soir.

— Chère Eugénie!

— Êtes-vous au séminaire ?

— J'y vais.

— Vous ne m'aimez donc plus ?

— Je vous chéris plus que jamais!

— Ce soir, demain, mon père me livrera à Marinac.

III.   15

— Vous y consentiriez ?

— Non, Jules, je n'y consentirai pas. Jules, nous sommes seuls, le lieu est propice à un serment : je jure de n'être qu'à vous !

— Et moi, je jure, Eugénie, de vous aimer toute la vie !

— Jules, j'ai besoin d'air ; sortons.

Ils sortirent par une des portes latérales de la chapelle, montèrent la rue Servandoni. « Pour éviter toute surprise, dit Eugénie, allons vers les grands arbres du Luxembourg. » Étant sous ces grands arbres, et craignant encore les rencontres indiscrètes, Jules la conduisit sur les boulevarts du Mont-Parnasse, suivant vers les Invalides.

Protestations d'amour, à vingt ans, sont tendres, vives, franches, positives. Ils renouvelèrent cent fois les sermens de la chapelle, de vivre l'un pour l'autre, de s'aimer toujours!

Jules, dit Eugénie, il est indispensable que nous arrêtions un plan de conduite.

— Je le crois comme vous, Eugénie.

— D'abord, vous ne cesserez jamais de m'aimer, Jules?

— Qu'en mourant!

— Bien. Ensuite, je refuserai nettement d'épouser Marinac.

— Très-bien.

— Si mon père, mécontent de ma résolution, m'envoie au château de

Biseoourt, je vous en préviendrai sur-
le-champ, et vous viendrez m'y re-
joindre, Jules.

— Parfait, mon amie.

— Afin de nous voir souvent, pour
nous communiquer nos plus secrètes
pensées, nos desseins, notre espoir,
tous les deux jours j'irai à Saint-Sulpice, la première fois à huit heures
du matin, la seconde à midi, parce
qu'il faut éviter tout soupçon.

— Pourquoi Saint - Sulpice, ma
bonne amie? ne pourrions-nous choi-
sir un autre lieu?

— Jules, quel motif pourrais-je
donner à mes sorties, si ce n'était
celui de la messe? Je préférerais
sans doute m'abstenir de cette espèce

de subterfuge ; mais le moyen ?

— Vous avez raison, Eugénie.

— Que toutes nos contrariétés ne vous fassent pas perdre la tête , et n'allez pas , par désespoir et par faiblesse, vous jeter de nouveau dans votre séminaire.

— Je m'en garderai à présent que je suis sûr de vous.

— Oui , mon Jules, comptez sur moi.

— Cependant , Eugénie , j'ai le pressentiment d'événemens sinistres. Je redoute l'entêtement du marquis. Il voudra vous marier à son Marinac : cela est certain. Qui vous garantit de ses rigueurs ? Ne peut-il pas jusqu'au dernier moment vous tenir enfermée dans votre appartement? ne l'ouvrir que pour la consommation du crime?

— Ce serait une barbarie épouvantable.

— Mais enfin on nous séparerait éternellement. Marinac vous entraînerait dans son département, et moi, abandonné , malheureux, je traînerais péniblement une existence misérable !

— Vous dessillez mes yeux , Jules. Tous ces malheurs naîtraient de mon trop de confiance en mon père. L'orgueil des ancêtres et les honneurs présens égareraient les sentimens paternels. Que faire donc ?

—Je ne vois que peine et douleur dans notre avenir, Eugénie!

— Attendez , mon ami. Quelle heureuse idée!

— Expliquez-vous vite, de grâce!

—Mon père a une sœur qui habite Versailles. Veuve d'un simple conseiller au parlement , elle l'épousa par amour, au mépris des parchemins de la famille. Je l'ai vue souvent , et maintes fois elle m'a répété : Ma petite Eugénie, si ton père obtient l'ambassade qu'il sollicite depuis le retour du roi , viens vivre avec moi ; libre et contente , je ne te laisserai rien désirer. Si j'allais la trouver ?

—Oui, sans doute ; cette démarche peut nous sauver.

— Mon père a l'habitude de faire ses visites après le déjeûner. Demain, profitant de cette habitude, j'irai me jeter dans les bras de ma tante et réclamer son appui.

— Demain, hélas! demain serez-vous la maîtresse de vos volontés ?

— Mais, Jules, le jour baisse, il est tard, on doit être déjà inquiet à l'hôtel, il ne m'est pas possible d'exécuter ce projet aujourd'hui.

— Aujourd'hui, demain, qu'importe, si vous êtes décidée ?

—J'aurais la nuit pour me fortifier.

— Ou pour combattre une aussi généreuse résolution.

— Eh bien, partons! conduisez-moi à Versailles!

Jules la pressa dans ses bras, lui fit pour la centième fois les plus tou-

chantes protestations , et la dirigea
vers la place Louis xv. Ils montèrent
dans une de ces voitures que l'on
nomme *coucous*, où la présence d'un
tiers les gêna singulièrement ; aussi
se dédommagèrent-ils de leur longue
contrainte quand, descendus de la mo-
deste voiture , ils se virent seuls sous
l'ombrage silencieux des ormes bor-
dant les allées de l'avenue de Paris.

Il fallut pourtant s'occuper de la
tante d'Eugénie. Jules se fit indiquer
le chemin des boulevarts de la Reine.
Quelques minutes pouvaient suffire
au trajet ; ils y employèrent trois
quarts d'heure. Jules frappe , personne ne répond. Aux coups redoublés
qu'il entend , un concierge approche

de la porte , au dedans , et demande qui est là et ce qu'on veut. Jules dit que quelqu'un qui arrive de Paris à l'instant désire entretenir sans retard madame..... Le concierge répond que madame..... est partie depuis huit jours pour sa terre de Vernon, et qu'il ne peut recevoir qui que ce soit pendant son absence. Et il s'éloigne.

Je suis perdue , s'écria Eugénie !

Leur embarras , on ne peut le dissimuler, était extrême. A dix heures et demie du soir, dans les rues d'une ville où ils n'ont ni amis ni connaissances, sans moyens pour partir à l'instant pour Vernon , sans audace pour retourner à Paris , chez un père justement irrité.

Je suis perdue, s'écria encore Eugénie.

—Ne vous désolez pas, mon amie ; examinons ce qu'il convient de faire.

— L'hôtel de mon père m'est fermé désormais. Je n'oserai plus m'y présenter. Quelle horrible situation !

— Eugénie, vos plaintes me désespèrent.

— Que je me fasse connaître au concierge de ma tante, je me perds ; et d'ailleurs voudrait-il me recevoir ? Ah ! Jules, quelle faute !

—Oui, je suis bien coupable ! mon imprudence est sans excuse. Vous allez détester votre ami !

— Vous détester, Jules ? Ai-je jamais eu plus besoin du secours de votre tendresse ! Sommes- nous dans un état à nous adresser des reproches? Nous n'avons pu prévoir que ma tante ne serait point à Versailles. Mais que faire ?

— Assurément , mon Eugénie , vous ne pouvez passer la nuit sur ce boulevart.

— Quelle extravagance !

— Écoutez, Eugénie, demandons deux pièces dans un des hôtels garnis de la ville. Demain matin nous chercherons s'il n'est pas à Versailles quelque voiture qui puisse nous mener à Vernon.

— Nous ne pouvons mieux faire , je le vois.

Ils allèrent chez Lemerle , rue et

hôtel des Réservoirs. Tout le monde
était couché.

Ils ne savaient plus de quel côté
tourner leurs pas dans ce pays désert,
lorsqu'un domestique vint à passer.
Jules lui demanda où ils pourraient
trouver un hôtel pour passer la nuit.

— A cette heure, vous n'en trouverez pas d'ouverts. J'ai aperçu, chez
Muret, là, plus loin, au duc de Berry,
de la lumière au premier. Voyez.
Si l'on ne vous entendait pas, vous
iriez chez madame Roger, avenue de
Saint-Cloud : vous n'aurez pas à courir
ailleurs si elle veille aujourd'hui aussi
tard qu'hier.

La lumière du premier étage n'était
pas éteinte chez Muret. Jules agite le

petit marteau de la porte cochère ,
une femme se met à la fenêtre , et
Jules lui demande deux pièces de l'hôtel. — L'hôtel est plein , monsieur ;
nous n'avons plus qu'une chambre au
second : elle est sur la rue et très-
propre.

Eugénie presse la main de Jules ,
soupire , et dit bas : O mon Dieu !

— Voulez - vous cette chambre ,
monsieur ? reprend la femme d'un
ton de voix qui indique l'impatience.

— Descendez , répond Jules.

Jules rassure Eugénie : la nuit est
froide , mon amie. Vous prendrez du
repos. Je resterai dans un fauteuil
près de vous.

— Que pensera-t-on de moi ?

— Vous passerez pour ma femme.

— Jules !

— Tranquillisez-vous , Eugénie :
amour et confiance !

— Entrez, monsieur et madame.
Prenez garde de vous cogner contre
cette table, madame... Vous le voyez ,
monsieur , cette chambre est une jolie bonbonnière. Pardon , je vais chercher des draps blancs.

— Vous tremblez , Eugénie !

— J'étouffe !

— Vous exigiez de moi, tantôt ,
de la patience et du courage : Eugénie , en manqueriez-vous auprès de
votre ami !

— O Jules , qu'avons-nous fait !

— Notre bonheur , dépend peut-être de cette faute !

— Jules!... silence! on vient.

— J'n'ai pas été longue. Ici on est servi à la minute. Bien des voyageurs préfèrent l'hôtel du duc de Berry au grand hôtel des Réservoirs... V'là de la lumière. Le cordon de la sonnette est là. Monsieur, madame, j'ai ben l'honneur d'vous souhaiter l'bon soir.

La domestique mit la clef en dedans, tira la porte et descendit se coucher.

FIN DU TROISIÈME VOLUME.

TABLE DES CHAPITRES.

TOME III.

(194)

OUVRAGES NOUVEAUX.

MÉMOIRES SECRETS SUR Mgr L'AR-CHEVÊQUE DE PARIS, ou Adressé au Corps épiscopal de l'Église de France et à Sa Sainteté, pour demander sa déposition ; par l'abbé Paganel. 1 vol. in-8.   7 fr.

GRAND DICTIONNAIRE DES PE-TITS HOMMES DE 1831; par un descendant de Rivarol. in-32. Prix,   75 c.

MÉMOIRES ET SOUVENIRS D'UN PAIR DE FRANCE, tomes 3 et 4. 15 fr. Les 4 volumes sont en vente.

MÉMOIRES DE VIDOCQ, 4 vol. in-8.   5o fr.

LA COURTISANE DE PARIS, par Debast. 4 vol. in-12.   12 fr.

LA TÊTE NOIRE, par Debast. 4 vol. in-12.   12 fr.

LA FIGURANTE, roman de mœurs, par Fleury. 4 vol. in-12.   12 fr.

L'HOMME A LA LONGUE BARBE DU PALAIS-ROYAL. Précis sur la vie et les aventures de Chodruc Duclos, suivi de ses lettres. in-8. portrait et fac-simile. 1 fr.

Sous presse :

LE CAMISARD, par Dinocourt, auteur du Faux monnayeur, de Mozanino, etc. 2ᵉ édition. 4 vol. in-12. fig.   14 fr.

LE MARQUIS DE LA RAPIÈRE, par Raban. 2 vol. in-12.   6 fr.

VALÉRIE, ou l'Héroïsme de l'Amitié, par Mlle Husson ; jeune aveugle. 4 vol. in-12.   12 fr.